MODELAGEM E ANIMAÇÃO 3D

Os livros dedicados à área de Design têm projetos que reproduzem o visual de movimentos históricos. Neste módulo, as aberturas de partes e capítulos fazem referência aos letreiros do cinema mudo e às aberturas e aos encerramentos dos desenhos animados que lotaram as salas de exibição na primeira metade do século XX.

SUMÁRIO

Apresentação 8
Como aproveitar ao máximo este livro 12

1 **Fundamentos de modelagem** 18
　1.1　Princípios de modelagem 2D　21
　1.2　Modelagem 3D　27
　1.3　Técnicas de modelagem　35
2 **Animação** 42
　2.1　Animação tradicional　47
　2.2　Animação 2D　49
　2.3　Animação 3D　51
　2.4　*Motions graphics*　52
　2.5　*Stop motion*　54
　2.5　Aplicações da animação　55
3 **Animação 2D** 60
　3.1　Mecanismos e dispositivos de animação 2D　61
　3.2　Técnicas de animação 2D　66
　3.3　Aplicações e tendências da animação 2D　79

4 **Formas primitivas** 84

4.1 *Box* (caixa) 86

4.2 *Cone* 88

4.3 *Sphere* (esfera) 90

4.4 *Geosphere* (esfera por lados triangulares) 92

4.5 *Cylinder* (cilindro) 94

4.6 *Tube* (tubo) 96

4.7 *Torus* (toroide) 97

4.8 *Pyramid* (pirâmide) 100

4.9 *Teapot* (chaleira/bule) 102

4.10 *Plane* (plano) 105

4.11 TextPlus 106

5 **Animação 3ds Max** 110

5.1 Animação 3D 112

5.2 Critérios para utilização do *software* Maya 134

6 **Técnicas e principais métodos de animação** 144

6.1 Animação e *acting* de expressões corporais 145

6.2 Animação 3D de personagens 155

6.3 Criando os controles 161

6.4 Criação de ciclo de caminhada em *looping* 171

Considerações finais 176
Referências 180
Sobre o autor 198

MODELAGEM E ANIMAÇÃO 3D

Leandro da Conceição Cardoso

inter
saberes

inter saberes

Rua Clara Vendramin, 58 . Mossunguê . CEP 81200-170 . Curitiba . PR . Brasil
Fone: (41) 2106-4170 . www.intersaberes.com . editora@intersaberes.com

Conselho editorial
Dr. Alexandre Coutinho Pagliarini
Drª. Elena Godoy
Dr. Neri dos Santos
Mª. Maria Lúcia Prado Sabatella

Editora-chefe
Lindsay Azambuja

Gerente editorial
Ariadne Nunes Wenger

Assistente editorial
Daniela Viroli Pereira Pinto

Preparação de originais
Tiago Krelling Marinaska

Edição de texto
Fábia Mariela De Biasi
Tiago Krelling Marinaska

Capa
Charles L. da Silva (design)
Krasovski Dmitri/Shutterstock (imagem)

Projeto gráfico
Bruno Palma e Silva

Diagramação
Andreia Rasmussen

***Designer* responsável**
Luana Machado Amaro

Iconografia
Regina Claudia Cruz Prestes

Dados Internacionais de Catalogação na Publicação (CIP)
(Câmara Brasileira do Livro, SP, Brasil)

Cardoso, Leandro da Conceição
   Modelagem e animação 3D : processos e linguagens / Leandro da Conceição Cardoso. -- Curitiba, PR : Editora InterSaberes, 2023.

   Bibliografia.
   ISBN 978-65-5517-358-1

   1. Animação por computador 2. Computação gráfica 3. Linguagens de programação (Computadores) 4. Sistemas de indicação visual tridimensional I. Título.

23-157995   CDD-006.696

Índices para catálogo sistemático:

1. Animação por computador : Computação gráfica 006.696
   Eliane de Freitas Leite - Bibliotecária - CRB 8/8415

1ª edição, 2023.
Foi feito o depósito legal.
Informamos que é de inteira responsabilidade do autor a emissão de conceitos.
Nenhuma parte desta publicação poderá ser reproduzida por qualquer meio ou forma sem a prévia autorização da Editora InterSaberes.
A violação dos direitos autorais é crime estabelecido na Lei n. 9.610/1998 e punido pelo art. 184 do Código Penal.

APRESENTAÇÃO

A modelagem e a animação 3D têm suas próprias linguagens: aplicadas aos desenhos animados, por exemplo, incitam simpatia, o que facilita a absorção da mensagem que é transmitida para os diferentes públicos. Obviamente, suas manifestações vão muito além dos desenhos animados, filmes de animação e jogos digitais, como veremos no decorrer desta obra. Em virtude dessa gama de possibilidades, é necessário que *designers*, modeladores e animadores conheçam os processos que devem ser observados no desenvolvimento dos projetos desse nicho.

As linguagens da modelagem e da animação 3D são muito semelhantes à do cinema. É a utilização dessa referência na criação de movimentos que faz com que as animações possam ser assistidas de várias maneiras, como na televisão, em salas de cinemas, na internet etc. Em virtude dessa relação, demonstraremos nesta obra como são estabelecidos os conceitos e os elementos que fazem parte de uma animação, como os elaborados pelos Estúdios Walt Disney, recomendados a animadores profissionais.

Na sequência, trataremos da importância de se conhecer a história dos métodos clássicos de animação até os da computação gráfica, que serão apresentados e detalhados neste livro. Além disso, elencaremos as técnicas do início da modelagem e da animação, tais como o uso de folhas de acetato, bem como outros métodos utilizados por profissionais ao longo da história da modelagem e da animação para facilitar os processos, torná-los mais rápidos e, ao mesmo tempo, manter a qualidade do trabalho.

Ainda com base nos fundamentos do cinema, analisaremos como personagens "reais" serviram de inspiração para o aprimoramento das técnicas de modelagem e animações 3D, principalmente em relação ao desenvolvimento dos efeitos especiais.

Em seguida, mostraremos como a modelagem e a animação tridimensionais profissionalizam-se cada vez mais – os especialistas da área preocupam-se progressivamente com a padronização dessas atividades e, de maneira especial, com a construção de personagens, que hoje conta com o recurso de modelos de personagens, conhecidos como *model sheets*, assim como com modernas técnicas de pintura. Nesse ponto da obra, demonstraremos como são importantes os métodos de visualização da modelagem e da animação 3D, pois esse procedimento permite que o profissional saiba como está o andamento de seu trabalho antes da finalização, permitindo ajustes que façam com que o resultado final, a animação, seja o melhor possível.

Finalizando a obra, elencaremos conceitos caros aos seguintes temas: modelagens 2D e 3D; técnicas de modelagem e respectivas aplicações; animação tradicional; *motion graphics*; *stop motion*; aplicações da animação; animação no *software* Autodesk® 3ds Max; controles de animação; controle de tempo; animação de objetos e renderização. Os conhecimentos apresentados permitirão que você desenvolva modelagens e animações 3D que podem ser aplicadas em vários projetos.

COMO APROVEITAR AO MÁXIMO ESTE LIVRO

Esta seção tem a finalidade de apresentar os recursos de aprendizagem utilizados no decorrer da obra, de modo a evidenciar os aspectos didático-pedagógicos que nortearam o planejamento do material e como você, leitor(a), pode tirar o melhor proveito dos conteúdos para seu aprendizado.

INTRODUÇÃO DO CAPÍTULO

Logo na abertura do capítulo, você é informado(a) a respeito dos conteúdos que nele serão abordados, bem como dos objetivos que o autor pretende alcançar.

FIQUE ATENTO!

Ao longo de nossa explanação, destacamos informações essenciais para a compreensão dos temas tratados nos capítulos.

EXEMPLIFICANDO

Disponibilizamos, nesta seção, exemplos para ilustrar conceitos e operações descritos ao longo do capítulo a fim de demonstrar como as noções de análise podem ser aplicadas.

IMPORTANTE

Algumas das informações centrais para a compreensão da obra aparecem nesta seção. Aproveite para refletir sobre os conteúdos apresentados.

O QUE É?

Nesta seção, destacamos definições e conceitos elementares para a compreensão dos tópicos do capítulo.

Chaosamran_Studio/Shutterstock

CAPÍTULO 1

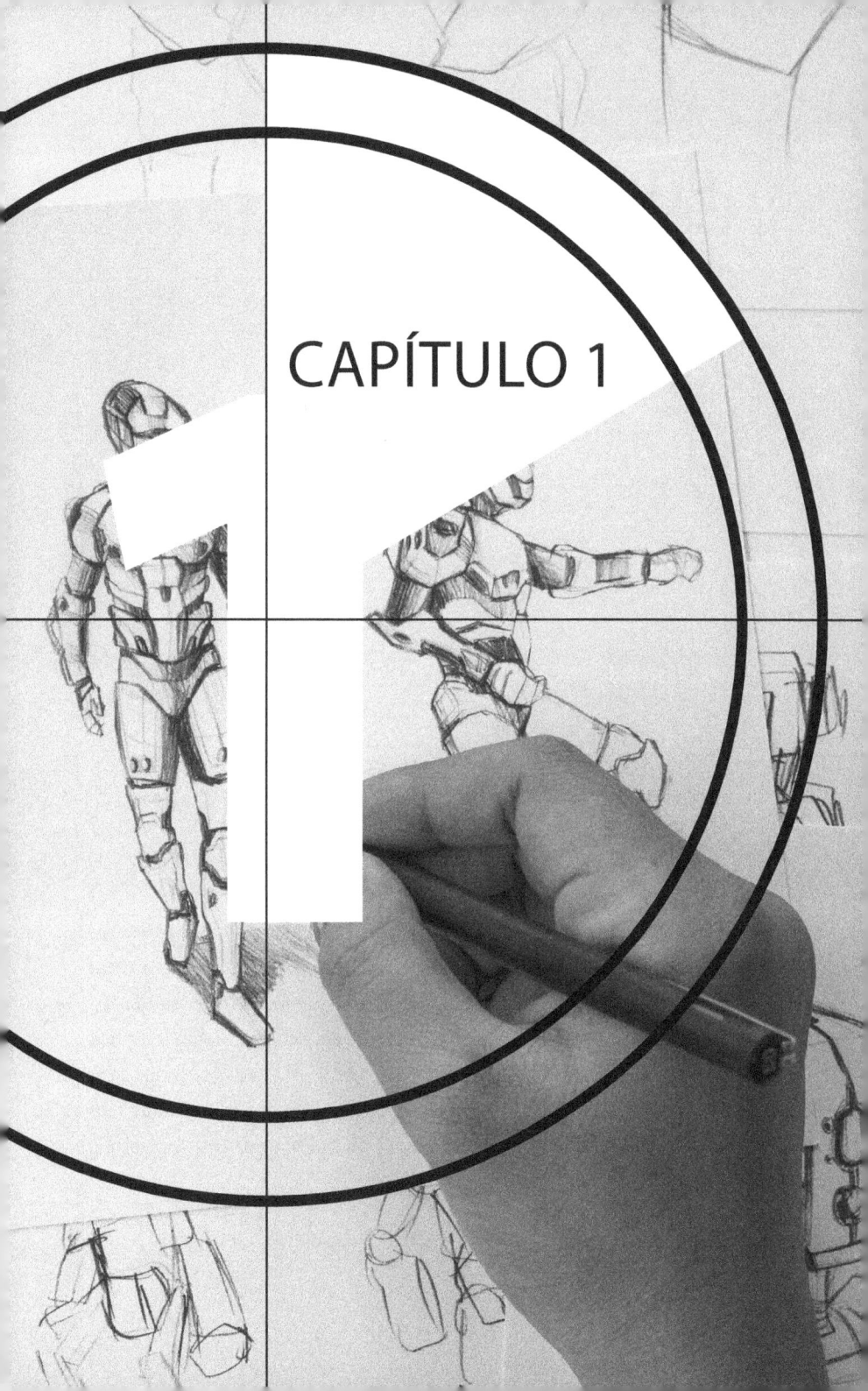

FUNDAMENTOS DE MODELAGEM

O que seria a modelagem 3D? Basicamente, essa atividade consiste na criação de formas tridimensionais, desde um objeto até um ambiente inteiro. Trata-se do começo do processo de animação. No entanto, é importante enfatizar que a modelagem não se aplica somente às animações ou aos projetos de 3D artístico – ela está presente na engenharia, na arquitetura, entre outras áreas que têm na imagem um suporte necessário à elaboração de seus projetos.

O que é?

Marquet (2006, citado por Almeida, 2015, p. 16) define que "modelar é a arte de dar forma a um sólido, um volume ou uma massa esticando uma área, apertando outra, aumentando uma seção ou diminuindo outra". Para o autor citado, modelar também é um processo de "elaborar por modelo ou por um molde, retratar de forma precisa, conceder formato, talhar ou moldar e controlar ou ajustar" (Marquet, 2006, citado por Almeida, 2015, p. 16). Já de acordo com Cavalcanti (2018, p. 2), no campo da computação gráfica, analisada em profundidade nesta obra, *modelagem* "consiste em todo o processo de descrever um modelo, objeto ou cena, de forma que se possa desenhá-lo".

Ao contrário de muitos campos artísticos – como o da área da ilustração –, a modelagem caracteriza-se por uma curva de aprendizado notável, considerada densa e de elevado nível de dificuldade pelo fato de envolver o domínio de *softwares*. Para iniciarmos a discussão sobre a modelagem e a animação 3D, é importante apresentar alguns conceitos básicos. A modelagem é comumente utilizada em três grandes áreas:

1. fabricação de objetos à base de argila;
2. criação de moldes na fundição;
3. confecção de calçados e de peças para vestuário.

A seguir, listamos os tipos de modelagem mais frequentes:

Quadro 1.1 – **Tipos de modelagem**

Arquitetura de dados	Componente que estabelece um relacionamento entre entidades e processos de uma organização.
Modelagem de ameaças	Procedimento utilizado em ambientes em que há riscos significativos à segurança. Elemento central da *framework* da *Microsoft Security*, utiliza uma técnica de engenharia que pode ajudar a identificar as ameaças e os ataques que podem afetar o aplicativo. É utilizado para mudar o *design* da ferramenta e atender aos objetivos de segurança e redução de riscos.
Modelagem ambiental	Modelos de representação abstrata da realidade que podem ser usados para melhorar a compreensão de sistemas ou até mesmo auxiliar a tomada de decisão em termos de gerenciamento de riscos.
Modelagem computacional	Representação do real feita no computador.
Modelagem conceitual	Acepção da informação que o sistema irá gerenciar.
Modelagem de dados	Descrição formal simplificada de uma realidade que descreve a estrutura de um banco de dados.
Modelagem matemática	Representação ou interpretação da realidade por meio de uma fórmula matemática que auxilia na compreensão de determinado fenômeno.
Modelagem molecular	Conjunto de ferramentas e métodos computacionais e teóricos utilizados para a compreensão e previsão do comportamento de sistemas reais.
Modelagem de processos de negócio	Representação dos processos de uma empresa para fins de análise e identificação de melhorias.
Modelagem de processos químicos	Análise de um processo e dos fenômenos que envolvem as causas e os efeitos da engenharia química.
Modelagem de *software*	Modelos que fundamentam a produção de sistemas e projetos de criação de *softwares*.
Modelagem tridimensional	Recurso de instrumentalização de trabalhos de modelagem, texturização, colorização etc., permitindo a criação completa de personagens e objetos em *softwares* 3ds largamente utilizados na indústria de cinema, jogos, *design*, entre outras áreas.

Nesta obra, vamos dar ênfase à modelagem do tipo tridimensional, também conhecida como *modelação tridimensional* ou, simplesmente, *modelagem 3D*. Na computação, esse procedimento é utilizado na criação de formas, objetos, personagens e cenários. Os *softwares* mais utilizados atualmente para esse trabalho são:

- 3ds Max;
- Blender;
- Cinema 4D;
- ZBrush;
- SketchUp;
- Autodesk® Maya.

Em nosso escopo, vamos nos concentrar aqui no *software* **Autodesk® 3ds Max**. Para tornar o conteúdo mais amplo, vamos iniciar o estudo com um rápido panorama sobre a modelagem 2D.

1.1 Princípios de modelagem 2D

De acordo com Lor (2017, p. 7), o "desenho 2D é constituído de linhas e formas curvas que podem ser construídas por meio de objetos próprios do Max ou importadas de outros programas como o AutoCAD". Complementando essa visão, Oliveira (2008, p. 150) explica que "o desenho de formas 2D está dividido em linha, retângulo, textos, círculo, arco, helicoidal, elipse, estrela, entre outros". As ferramentas e os comandos para a criação de linhas e formas 2D no 3ds Max são os seguintes:

- *Splines* (linhas editáveis) – uma *line* (linha) é composta por um ponto inicial e um ponto final. Com base em linhas do tipo *splines*, é possível criar qualquer objeto. Por meio das intersecções dos desenhos, formam-se as vetorizações e os objetos

básicos do *software*, como estrela, *donut*, triângulo e círculo. O comando para criação no 3ds Max é "clicar sobre a forma com o botão direito e no *Quad Menu* acessar *Convert to > Convert to Editable Spline*" (Lor, 2017, p. 7).
- *Chamfer* e *Fillet* – os comandos *Chamfer* e *Filet* são acessados em *Comand Panel*, aba *Create* e categoria *Shapes*. Clique em *Rectangle* e crie um formato em *Viewport Perspective*. Depois de criada a forma, clique sobre ela com o botão direito do *mouse* e a converta em uma *Editable Spline*. Assim, a forma perderá seus parâmetros de configuração e seu comportamento poderá ser modificado. Para acessar os comandos de edição da forma, habilite primeiramente um subobjeto; realizado esse processo, o programa disponibilizará os respectivos comandos. Na sequência, ao habilitar o subobjeto *Vertex*, os comandos de edição podem ser encontrados em *Roll All Geometric*. No painel, encontram-se vários comandos de edição da forma: no caso da alteração do número de *vertex* do objeto, o recurso *Insert* é utilizado para soldar dois vértices separados. Para Lor (2017, p. 7), os comandos *Chamfer* e *Fillet* "nos permitem aplicar arredondamento e chanfros nos vértices de um *shape* selecionado. Isso pode ser feito manualmente ou com mais precisão, utilizando, para isso, o campo de entrada ao lado do comando".
- *Outline* – recurso frequentemente utilizado para a elaboração de maquetes eletrônicas, por criar uma espessura da mesma forma que a versão estendida no *Double Rectangle*. Funciona apenas para objetos *splines* habilitados. Ao selecionar toda a *spline*,

aplique o comando para modificá-la. Realizada a operação, a forma selecionada será baseada no mesmo plano, de maneira simples e rápida. Segundo o pensamento de Lor (2017, p. 7), "com a edição de linha no modo seleção *Spline*, podemos gerar contornos no objeto. Esse comando é muito útil para maquetes eletrônicas".

- *Trim/Extend*: "permite cortar ou estender linhas. O ajuste é feito automaticamente, desde que a linha seja cortada ou estendida" (Lor, 2017, p. 7). Com um clique em cima das linhas desenhadas na área de trabalho, o comando *Trim* remove todo o pedaço da linha entre as duas linhas selecionadas. Antes da execução do comando, o programa avisa que o usuário deve selecionar os objetos nos quais a operação está sendo executada. Feito isso, em *Select Objects*, novamente é dado o aviso sobre qual objeto deseja-se utilizar o *Trim*. Ao escolher o passo seguinte, clique sobre o objeto – nesse caso, os pedaços selecionados são automaticamente excluídos e só poderão ser retirados da área de trabalho quando forem acionados.
- *Attach/Fuse* e **Weld**: para utilizar esses comandos, é preciso converter um dos objetos em *Editable Poly*. Para isso, clique sobre uma esfera ou outro objeto desenhado e, com o botão direito, selecione a opção *Convert To* e, na sequência, *Editable Poly*. Quando um polígono editável é convertido, aparecem vários painéis na tela de trabalho. Essa opção oferece a possibilidade de deformar, inserir geometria e aplicar modificadores. Para converter a *Editable Poly*, a possibilidade disponível é dos parâmetros modificados, não sendo viável realizar grandes

alterações na *Geometry*. No entanto, é possível usar o *Nurbs*[1], editar a geometria e a subdivisão, usar o *Paint Deformation* e utilizar *softwares* que possibilitem o movimento de cada vértice, aresta, borda, polígono e elementos afins. Convém ressaltar que botão *Attach* não agrupa – ele produz no objeto uma fusão e tornando os elementos em um objeto único. Sendo assim, é bastante comum desenhar os objetos em segmentos separados e depois juntar para tornar um único objeto; para isso, podemos usar o comando *Attach*. Ative o botão *attach* no *Comand panel* e clique nas *splines* que serão anexadas. Clique com o botão direito do *mouse* para finalizar. A opção *fuse* do *Edit spline* permite juntar dois pontos que estão afastados, fazendo com que fiquem na mesma posição. Mas ainda são dois pontos, sobrepostos. Para transformar duas linhas que foram anexadas em uma única linha, aplicamos a opção Weld para juntar dois vértices. (Lor, 2017, p. 7)

- **Operações booleanas (*Union, Substraction, Intersection*)**: essas operações são ativadas quando um objeto é convertido em objeto editável. Com o botão direito, clique em *Convert To > Editable Spline* ou selecione um objeto, acesse *Modify* e, na sequência, *Editable Spline*. As funções booleanas somente irão funcionar quando houver dois elementos na mesma

---

[1] "O termo NURBS significa *Non-Uniform Rational B-Splines*. Especificamente:
- *Non-Uniform* significa que a extensão da influência de um vértice de controle pode variar. Isto é útil ao modelar superfícies irregulares.
- *Rational* significa que a equação usada para representar a curva ou superfície é expressa como um coeficiente de dois polinômios de, ao invés de um único polinômio somado. A equação racional fornece um modelo melhor de algumas curvas e superfícies importantes, especialmente seções cônicas, cones, esferas, e assim por diante.
- *B-spline* (para *spline* de base) é uma forma de criar uma curva que é intercalada entre três ou mais pontos.
- Curvas de forma, como a ferramenta Line (linha) e outras ferramentas Shape (forma) são curvas Bezier, que é um caso especial de B-splines (Conceitos..., 2018a).

camada; consequentemente, não há a necessidade de converter um objeto 2D. Ao selecionar o objeto formado pela união, você poderá notar os dois elementos juntos, um dentro do outro. As funções booleanas são ativadas quando a ferramenta de *Spline* estiver ativada. Ela funciona como a função *Union*, que, como o nome já diz, une os objetos por meio de uma solda. A ferramenta *Subtract* substitui o objeto selecionado por um novo. O comando *Intersect*, desse modo, é a junção entre dois objetos. Nas palavras de Lor (2017, p. 9),

As operações booleanas em formas 2D são muito úteis para a modelagem. Elas permitem unirmos, subtrairmos, ou até mesmo tirarmos a intersecção entre duas formas, o que permitirá criarmos formas complexas facilmente. Para podermos fazer uma operação booleana nas formas do Max, ambas devem estar agregadas uma a outra. Elas são agregadas com o comando *Attach*. Um detalhe a observar, para o *software* existe uma diferença, por exemplo, entre um WRectangle (duas formas agregadas uma a outra) e duas figuras sobrepostas. O WRectangle já é um exemplo de duas formas unidas, com um "buraco" no meio, isto é, de área existe o que está entre os dois retângulos. Se sobrepusermos duas formas, por exemplo, dois círculos, para o *software* não existe uma área entre, [sic] ele identifica apenas as formas básicas. Se, por outro lado, fizermos uma subtração entre eles, aí sim teremos o mesmo caso que no WRectangle. Ou seja, por mais que eu veja uma interseção, ela só existirá para o *software* se eu a criar.

- ***Bezier, Corner, Bezier-Corner, Smooth***: os comandos *Bezier, Corner, Bezier-Corner* e *Smooth* são controles que permitem ajustar manualmente os segmentos de reta de maneira prática. Para trabalhar com esses recursos, converta a forma do *spline* editável ao habilitar o subobjeto do vértice. Por padrão, o primeiro vértice selecionado no círculo é definido como *Bezier*, o qual dispõe de manipuladores de vetores que controlam de maneira simétrica os dois segmentos ligados ao ponto. Os manipuladores consistem nos pontos adicionais que aparecem quando um vértice é selecionado (normalmente na cor verde-limão). O tipo *Corner* permite o tratamento de vértices, ainda que não disponha de manipuladores, para a criação de cantos vivos na forma. O comando *Bezier-Corner* atua de modo diferente no vetor, com alterações independentes de manipuladores. Esses tipos não contam com ajustes para controlar o canto. Já o tipo *Smooth* não permite a criação de cantos, pois seu comportamento é igual ao tipo *Bezier*, porém sem os manipuladores. De acordo com Lor (2017, p. 8):

> Além de reposicionarmos os subobjetos de uma forma para editá-los, podemos definir as características dos manipuladores de vértices entre Corner, Bezier, Bezier-Corner e Smooth. (i) Bezier: Habilita alteração espelhada entre dois segmentos ligados ao mesmo vértice (de maneira simétrica). (ii) Corner: Habilita o tratamento de vértice como canto (não possui manipuladores). (iii) Bezier-Corner: Permite alteração independente dos manipuladores do vértice. (iv) Smooth: Alteração suave entre dois segmentos ligados ao mesmo vértice. Também não possui manipuladores.

Na Figura 1.1, estão representados, respectivamente, a linha, o retângulo, os textos, o círculo, o arco, o efeito helicoidal, a elipse e a estrela no contexto da modelagem 2D. Para que você possa criar esses objetos, é necessário acessar o painel de comandos e, em seguida, menu *Create > Shapes> Line*. Segundo Oliveira (2008), para a objetivação dessas premissas é preciso clicar no ponto inicial e, na sequência, nos próximos pontos ou pressionar o *mouse* para criar pontos curvos. Com a tecla *Shift* pressionada, é possível elaborar segmentos retos.

Figura 1.1 – **Exemplos de desenhos 2D**

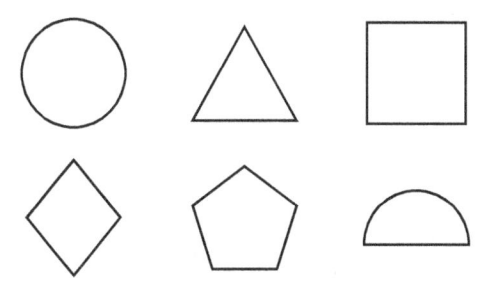

Com essa breve conceitualização, podemos passar à modelagem em três dimensões, adotando o 3ds Max como programa-base.

1.2 Modelagem 3D

Modelagem 3D é um processo que consiste no desenvolvimento de objetos tridimensionais com base em modelos matemáticos suportados por *softwares* específicos. O processo é caracterizado pela criação de objetos ou personagens em três dimensões, bem como de cenários animados ou estáticos. A modelagem também pode ser definida como uma representação matemática de qualquer superfície tridimensional – formas, objetos ou personagens em *software* 3D, como o 3ds Max.

Um objeto 3D é formado por uma malha, um tipo de modelo geométrico de um objeto tridimensional. Essa rede é formada por três estruturas: vértice, aresta, ou *edge*, e face. Na Figura 1.2, a seguir, apresentamos cinco cubos nos quais você pode observar os vértices como pequenas esferas. Também a *edge*, que é a estrutura que conecta os vértices com uma linha reta, dando à composição um aspecto de aramado (*warframe*) no objeto 3D. A face da estrutura triangular é formada pela união de três vértices, que formam um triângulo. Já a união das fases formam o polígono, que é a base da modelagem poligonal. Por fim, a união de todas as estruturas.

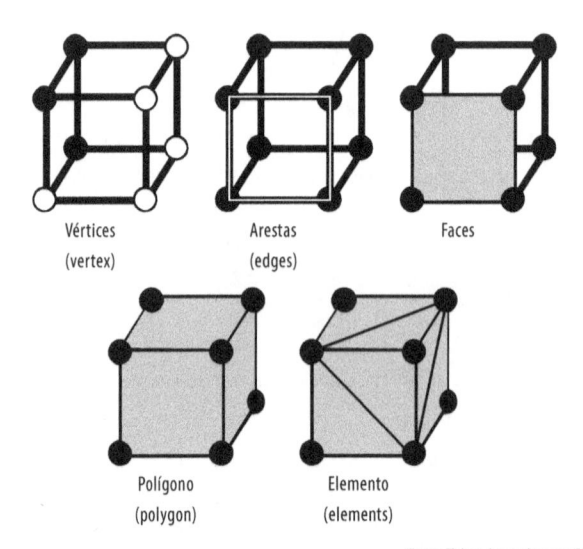

Figura 1.2 – **Representação do conceito de modelagem**

Vértices (vertex) Arestas (edges) Faces

Polígono (polygon) Elemento (elements)

Fonte: Elaborado com base em Almeida, 2015.

A modelagem é dividida em duas categorias: *hard surfaces* (superfícies duras) e *organic* (orgânicas). Essas duas categorias permitem um sem-número de combinações:

> Hard surface (superfícies duras) – caracteriza todo tipo de objetos feitos ou construídos pelo homem, por exemplo, robôs, casas, automóveis etc;
> Organic – ou seja, todo tipo de modelo que possa ser categorizado como orgânico, incluindo animais, humanos, plantas e tudo que esteja ligado à natureza. (O que é..., 2020)

Tendo esses conceitos básicos em mente, podemos avançar no conteúdo e tratar do trabalho com o 3ds Max. Veja, a seguir, uma relação dos principais recursos e comandos para trabalhar a imagem tridimensional no *software* citado.

O que é?[2]

- *Extrude/Bevel*: o modificador *Extrude* permite determinar uma altura ao *shape* selecionado. É o modificador mais básico para construir objetos 3D a partir de formas 2D. O modificador *Bevel* é uma variante do *Extrude*. Nesse modificador, determinamos a altura do recurso, assim como a espessura da parte superior.
- Otimizadores de seleção *Loop/Ring, Grow/Shrink*:
  - *Grow* – aumenta a área de seleção;
  - *Shrink* – diminui a área de seleção;
  - *Ring* – seleciona todas as geometrias paralelas;
  - *Ring* e *Loop* não ficam diretamente habilitados para polígonos, pois o 3ds Max não sabe em que direção seguir.
- Editando Topologias – *Cut, Remove* e *Conect*: com o comando *Cut* podemos criar arestas em polígonos de modo a termos uma nova opção na estrutura da malha. Já o comando *Remove* permite retirar qualquer vértice ou aresta. O comando *Conect* está disponível para os primeiros três subobjetos e, como diz o nome, conecta vértices, arestas e bordas criando novas arestas;
- Criando variações – *Chamfer* e *Bridge*: com o comando *Chamfer* criamos quebras em cantos vivos da geometria 3D. Ele está disponível para subobjetos *Vertex, Edge, Bor*der;

---

2 O texto desta seção é uma condensação de trechos de Lor (2017, p. 10-27).

- Modificadores: alguns modificadores paramétricos – são assim chamados porque permitem a mudança de valores no painel de comandos;
  › *Lathe*: com o modificador *Lathe*, podemos criar modelos baseados na rotação de perfis facilmente;
  › *Sweep* (seguir caminho): faz com que uma forma pré-definida percorra um caminho selecionado ou permite escolher a forma que deve seguir o caminho;
  › *Compound Objects*: a composição de objetos permite modelar objetos de maior complexidade;
  › *Shapemerge* e *Boolean*: para criarmos textos em alto ou baixo relevo, podemos trabalhar com *Compound Objects*. Para isso, basta criar dois objetos e, com um deles selecionados, selecionar o segundo depois de clicar em *Pick Operand* B, e em *Operation* escolher a operação desejada entre união, interseção ou subtração;
  › *Connect*: conecta dois objetos que tenham, cada um, uma abertura em sua malha. Essa pode ser gerada quando trabalhamos com objetos editáveis;
  › *Loft*: permite compor objetos por meio da transição de um ou mais perfis (*Shape*) por um caminho (*Path*);
  › *Free Form Deformers* (FFD) e *Soft Selection*: os modeladores *Free Form* geralmente são aplicados sobre as demais ferramentas com o objetivo de aperfeiçoar a modelagem. A principal ferramenta é FFD, que aplica uma malha sobre o objeto ou uma área selecionada e permite, a partir disso, a modificação dos pontos;

> *Soft Selection*: este comando aumenta a área de abrangência da seleção de um dos elementos de um objeto editável. Com isso, a operação aplicada pode ser controlada para não ficar específica ao ponto ou elemento selecionado obtiver mais controle da deformação;
> Tesselate: este modificador cria subdivisões no objeto selecionado para aumentar o número de segmentos;
> Modificador Cloth: este modificador simula o caimento de um tecido, podendo ser aplicado a uma geometria qualquer.

Para modelar estruturas em 3D no programa 3ds Max, é necessária uma rápida explanação sobre o plano cartesiano: objeto matemático no qual a altura é representada por "y" e a largura por "x". Com os princípios geométricos das animações 2D, os eixos trabalhados no 3D acrescentam a **profundidade** aos produtos a serem modelados. De acordo com Almeida (2015, p. 14), "o espaço 3D é a representação de uma imagem ou objeto considerando os 3 eixos, x, y e o eixo que representa a profundidade do objeto, eixo z". As Figuras 1.3, 1.4 e 1.5, a seguir, representam, respectivamente, as disposições dos eixos de altura e largura no contexto de uma representação e o funcionamento do eixo relacionado à profundidade de campo, característicos em estruturas tridimensionais.

Figura 1.3 – **Eixos "x" e "y" no plano cartesiano**

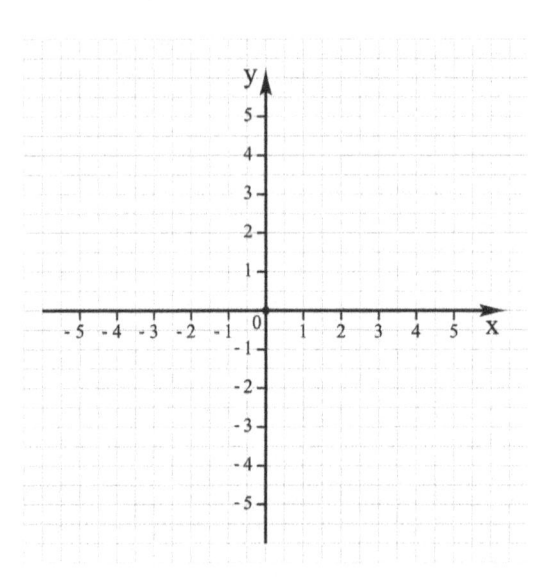

Figura 1.4 – **Eixos "x" e "y" aplicados em programa de modelagem**

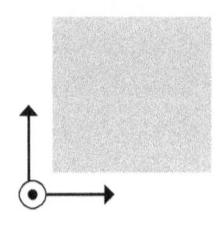

Fonte: Almeida, 2015, p. 14.

Figura 1.5 – **Eixo "z" aplicado à modelagem 3D**

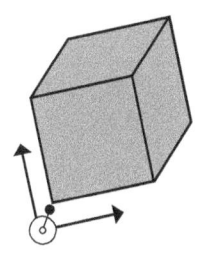

Fonte: Almeida, 2015, p. 14.

Como demonstrado na Figura 1.5, a representação do eixo "z", segundo Almeida (2015, p. 14), permite "a realização de movimentos em todas as direções, tornando os modelos bastante realísticos".

Como demonstramos anteriormente, a construção de um objeto 3D exige os seguintes componentes – faces, arestas e vértices:

- **Face** – é a superfície plana de um sólido geométrico, ou seja, o mesmo que *lado*. Cada lado de um sólido geométrico é uma face. Para saber quantas faces tem um sólido geométrico, basta contar todos os seus lados. De acordo com Almeida (2015, p. 15), "o encontro de cada face é aresta e os cantos são os vértices, que são os encontros das arestas".
- **Arestas** – também conhecidas como *quinas*, são segmentos de reta que unem uma face a outra; são o encontro de duas vértices ou duas faces.
- **Vértices** – são os encontros das arestas. Para Almeida (2015, p. 14), "um vértice é um ponto no espaço 3D e o local de encontro entre os lados consecutivos de uma figura geométrica ou o ponto comum entre os dois lados de um ângulo".

A seguir, apresentamos uma sequência de imagens que representam os elementos de um objeto 3D.

Figura 1.6 – **Exemplos de faces**

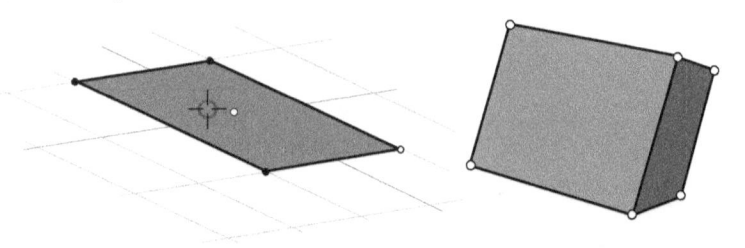

Fonte: Almeida, 2015, p. 15.

Figura 1.7 – **Exemplos de arestas**

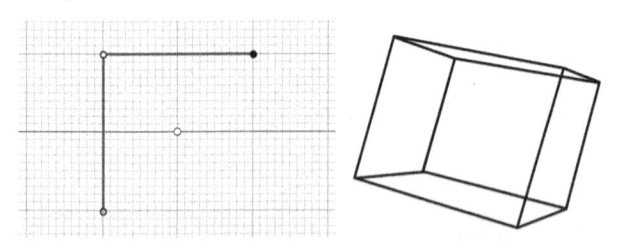

Fonte: Almeida, 2015, p. 15

Figura 1.8 – **Exemplos de vértices**

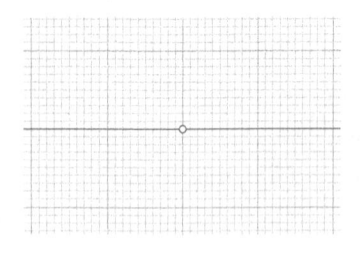

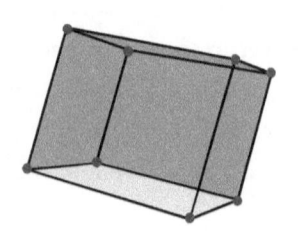

Fonte: Almeida, 2015, p. 15.

Tendo esses elementos devidamente apresentados, vamos passar agora às técnicas de modelagem de objetos tridimensionais, tendo como base a utilização do 3ds Max.

1.3 Técnicas de modelagem

As modalidades e técnicas de modelagem comumente utilizadas para a obtenção de um objeto tridimensional são as seguintes, como demonstrado na Figura 1.9:

Figura 1.9 – **Modalidades e técnicas de modelagem 3D**

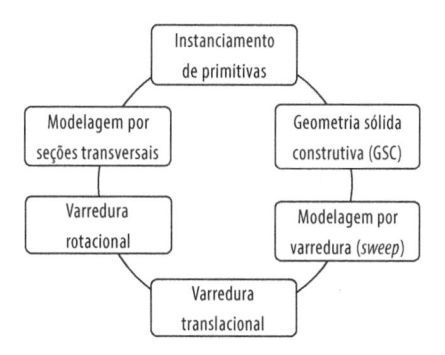

```
            Instanciamento
            de primitivas
  Modelagem por         Geometria sólida
seções transversais     construtiva (GSC)
     Varredura           Modelagem por
     rotacional        varredura (sweep)
            Varredura
           translacional
```

De acordo com Pinho (2023), os elementos citados têm as seguintes especificidades:

- **Instanciamento de primitivas (justaposição de sólidos primitivos)**: criação de objetos pela justaposição de formas geométricas. Em geral, são objetos de representação simples, constituídos de blocos básicos para construção de modelos. O cubo é o exemplo mais simples a ser descrito.

- **Geometria sólida construtiva:** construção de objetos feita a partir da combinação operatória (união, intersecção e diferença) de dois ou mais sólidos.
- **Modelagem por varredura** (*sweep*): criação de objetos baseada na noção de que uma curva deslocada no espaço ao longo de uma trajetória dada por outra curva descreve uma superfície que pode ser usada para definir um sólido.
- **Varredura translacional (extrusão):** obtenção de um objeto por meio da translação, por determinada distância, de uma curva ao longo de um vetor. A varredura translacional de um retângulo, por exemplo, gera um paralelepípedo, e a de uma circunferência, um cilindro.
- **Varredura rotacional:** descrição a superfície de um objeto por uma curva que gira em torno de um eixo.
- **Modelagem por seções transversais:** geração de sólidos a partir de cortes transversais.

Vejamos, a seguir, como essas técnicas são aplicadas.

1.3.1 Aplicação de técnicas de modelagem

A aplicação das técnicas de modelagem anteriormente citadas é dividida em seis etapas. São elas:

1. **Definição de estilo de imagem:** nesse estágio, os pontos principais a serem estabelecidos são as características fundamentais da imagem, projetando uma imagem estática ou em movimento (animada). Em seguida, outros aspectos igualmente importantes devem são definidos, como cor, textura, rugosidade etc. Segundo

Silva (2018), "Nessa etapa, construímos vários desenhos digitais, storyboard (no caso das animações), referências e descrições. Todo esse planejamento economiza tempo na hora de confeccionar a arte 3D e facilita o resultado da imagem final".

2. **Modelagem no *software***: a segunda etapa diz respeito à modelagem no *software* de edição escolhido. Com base em um planejamento prévio, o elemento é representado no sistema computacional. São exemplos de criação: formas, objetos, personagens e cenários. Os programas mais utilizados atualmente para esse trabalho são: 3ds Max, Blender, Cinema 4D, ZBrush, SketchUp e Autodesk Maya.

3. ***Rigging***: na terceira etapa, o *rigging* (ou "animação esquelética", em português), um objeto articulado que utiliza a malha e o esqueleto (*rig*) para animação de personagem. De acordo com Silva (2018), "rigging é um conjunto de controles que adiciona movimento em um objeto ou personagem, simulando articulações de sua natureza estrutural (esqueleto) e linguagem corporal".

4. **Dar vida ao personagem (animação)**: o quarto passo é destinado à animação de fato do objeto. Com os pontos criados no *rigging* (as articulações), são colocados em prática os movimentos que o personagem irá realizar. A animação seguirá as ordens estabelecidas no planejamento ou no *storyboard*. Silva (2018) explica: "Nesse momento, utilizamos os controladores criados no rigging para desenvolver cada movimento e expressão do personagem. Esses movimentos são chaveados em uma timeline, criando diversas posições em sequência".

5. **Iluminação e textura:** Na penúltima etapa, é importante selecionar a iluminação e a textura que irão compor a cena. Essa fase é importante, pois ela traduz todos os detalhes do objeto e sua respectiva realidade e interatividade no meio.
6. **Pós-produção:** ao passo que as cenas estáticas são criadas em *softwares* específicos que realçam as características e cores, as animações precisam de outros editores, como o 3ds Max, indicado para trabalhar as composições. Na finalização do produto, ambos são colocados no mesmo ambiente para fechamento.

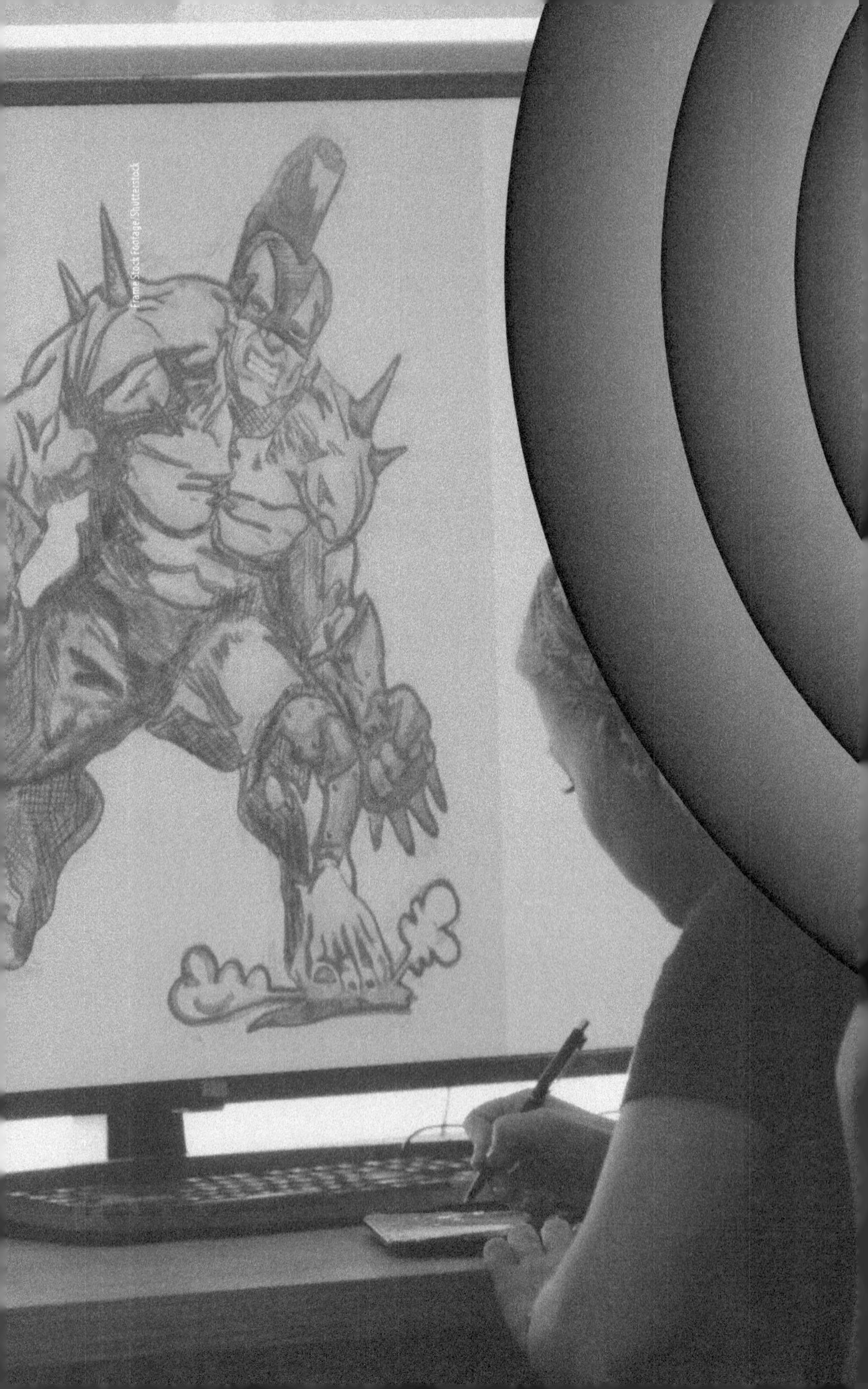
Frame Stock Footage/Shutterstock

CAPÍTULO 2

ANIMAÇÃO

Com base no que já vimos no Capítulo 1, podemos afirmar que a animação é um trabalho feito com as imagens que nos passam a impressão de movimento. Existem basicamente dois tipos de animação: a tradicional e a baseada em computação gráfica. De acordo com Lucena Júnior (2011), a origem dessa manifestação artística remonta ao século XIX, com o surgimento dos cinematógrafos criados pelos irmãos Lumière para projetar e filmar ao mesmo tempo. Esse processo de projeção de imagem era feito por máquinas giratórias que promoviam a ilusão de movimento do personagem.

Importante

Os primeiros filmes de animação começaram a ser produzidos no século XX. *Steamboat Willie*, no ano de 1928, conhecido no Brasil como *Vapor Willie*, é considerado um dos precursores dos longas-metragens de animação. O sucesso da produção à época também foi provocado pela inserção do som – esse elemento não estava presente sequer em animações do Mickey e da Minnie feitas do mesmo modo naquele mesmo ano.

Outra animação marcante nas produções audiovisuais da Walt Disney foi a da história *Branca de Neve e os Sete Anões*, em 1937. A história do filme foi marcada por vários desbravamentos: esse foi o primeiro longa-metragem a ser produzido nos Estados Unidos, sendo o pioneiro na utilização do sistema de cores (*Steamboat Willie* ainda era em preto e branco), pioneiro em ser produzido integralmente pela Walt Disney e a entrar no *hall* dos clássicos da Disney.

Sessenta anos mais tarde, *Toy Story*, de 1995, entrou para a história por um grande feito: foi a primeira animação a ser construída 100% digitalmente por meio de computação gráfica. Além disso, foi a primeira produção da Pixar Animation Studios em parceria com a Walt Disney. Após *Toy Story*, a Pixar (detentora do *software* de renderização renderMan, conhecido pela eficiência na construção realística de imagens fotográficas de alta qualidade) ficou conhecida por diversos longas lançados no mercado; aliás, alguns deles foram agraciados com o Oscar na categoria Melhor Animação.

Por fim, podemos citar a produção brasileira *Cassiopeia*, do ano de 1996, produção inteiramente digital por computação gráfica. Ao lado de *Toy Story*, os dois disputam a posição de primeira animação gerada totalmente em CGI (*computer graphic imagery* – "imagem geradas por computador" em português). A controvérsia entre as duas produções deve-se ao ano de lançamento – ambas foram realizadas no ano de 1995, porém, em razão

> de um roubo nos estúdios, que obrigou a produtora a refazer várias cenas, *Cassiopeia* foi lançada no mercado pela NDR Filmes – Play Artes apenas em 1996, um ano após *Toy Story*.

Fonte: Elaborado com base em Lima, 2017.

Com o universo das animações do Brasil e do mundo brevemente apresentado, devemos apontar as diferenças entre a **animação tradicional** e a fundamentada em **computação gráfica**.

Na forma tradicional, os desenhos que compõem a produção são criados um a um por equipes de artistas. São necessárias milhares de ilustrações para obter apenas alguns minutos de animação. As diferenças entre um desenho e outro são sutis, e a sequência oferece a aparência animada. O desenhista trabalha os movimentos e faz desenhos para cada etapa e gesto. Para otimizar o trabalho, é comum o uso de folhas transparentes para desenhar as partes da cena que se movem e colocar abaixo o desenho das partes da cena estática. Desse modo, não é necessário redesenhar o cenário a cada quadro. Em seguida, uma câmera especial é usada para fotografar cada desenho com o respectivo cenário. Cada um desses desenhos chama-se *quadro*; a câmera grava cada um deles em sequência, em um filme, sendo necessários 24 quadros por segundo de filme para que as imagens pareçam mover-se de maneira realista.

Na Figura 2.1, a seguir, temos uma variação de movimento de um cavalo. Note que as posições do personagem e as alterações das pernas do cavalo dão a impressão de animação.

Figura 2.1 – **Sequência *"The Horse in motion"*, exemplo de animação clássica por desenhos em sequência**

MUYBRIDGE, E. **O cavalo em movimento**. "Sallie Gardner", de propriedade de Leland Stanford, correndo em uma marcha de 1,40 sobre a pista de Palo Alto, 19 de junho de 1878. Fotografia, albuns 22 × 14 cm. Biblioteca do Congresso. Disponível em: <www.loc.gov%2Fitem%2F2007678037%2F>.

Os cinegrafistas também podem criar animação com figuras feitas de argila, de massa de modelar ou outros materiais – esse recurso economiza tempo, pois, em vez de desenhar milhares de imagens, o animador só precisa tirar diversas fotografias das personagens em seu cenário, movendo as figuras bem lentamente a cada fotografia.

A computação gráfica, por sua vez, acelera o processo de produção de animações, permitindo a criação das milhares de imagens necessárias para criar uma animação rapidamente. Os animadores também usam o computador para inventar personagens, objetos e cenários com aparência mais real do que no desenho tradicional. Atualmente, os computadores são usados em quase todas as animações:

> A computação gráfica pode ser usada para fazer um filme inteiro ou para criar efeitos especiais em filmes de ação com atores de verdade. Muitas naves espaciais, robôs e monstros que aparecem nos filmes são, na verdade, animações.
> A computação gráfica pode ser usada para mais do que apenas propiciar entretenimento. Cientistas usam animação para mostrar coisas que as pessoas não podem ver facilmente na vida real. Alguns exemplos: o movimento do Sistema Solar, mudanças no tempo e o interior do corpo humano. (Animação, 2022)

De acordo com Meroz (2021), há cinco tipos de animações distintas:

Quadro 2.1 – **Tipos de animações**

Animação tradicional	Também conhecida como *animação 2D*, mas com desenhos feitos à mão.
Animação 2D construída por *software*	Criada com base em desenhos vetoriais animados.
Animação	Criada por meio de programas computacionais e com uma quantidade menor de *frames* por segundo.
Motion *graphics*	Não há personagens, somente texto e elementos gráficos
Stop motion	Combina animação tradicional, fotografia e cinema. As cenas são criadas a partir de sequências de fotografias feitas de objetos reais.

Fonte: Elaborado com base em Meroz, 2021.

Vejamos, a seguir, cada uma dessas categorias em detalhes.

2.1 Animação tradicional

A animação tradicional é a forma mais antiga e mais popular de animação. O primeiro passo na criação desse tipo trabalho é decidir como será a história e os personagens e onde ela irá se passar. Tradicionalmente, em muitos casos, as animações são feitas com base em histórias já existentes, como lendas, histórias em quadrinhos ou até mesmo outras animações. Um exemplo é a já citada produção de *Branca de Neve e os Sete Anões*, datada de 1937.

Após a decisão da história a ser abordada, é o momento de criar o roteiro, que traz toda a informação escrita com o máximo de elementos possíveis de todas as cenas e dá origem aos *storyboards*, à adaptação do roteiro para os desenhos. Eles se assemelham a uma história em quadrinhos e incluem detalhes visuais muito importantes que guiam a produção (enquadramento, cortes, movimento da câmera, ambientes, interação de personagens em cena). Portanto, podemos afirmar que o *storyboard* é uma prévia de como será a animação.

Fique atento!

Geralmente, a animação conta uma trilha sonora preliminar, o que facilita a sincronização dos elementos audiovisuais com mais precisão. Até meados dos anos 1930, as trilhas sonoras e os diálogos das animações eram reproduzidos simultaneamente à exibição do filme. Na atualidade, as trilhas sonoras de desenhos animados concluídas incluem músicas, efeitos sonoros e diálogos realizados por atores de voz.

O início de todo o processo acontece com a elaboração de uma sequência de desenhos em folha de papel transparente. O animador-chave, também chamado de *animador principal*, produz os desenhos principais de cada cena. Em uma cena em que um personagem dá um pulo, por exemplo, é necessário fazer uma sequência de desenhos, isto é, desde o personagem preparando-se para pular até a aterrissagem. Enquanto isso, outra equipe é responsável pela criação dos cenários onde acontecerão as cenas. Dependendo de seu orçamento, a animação pode contar com diversas equipes de animadores, cada qual com sua atribuição; há casos demandam um grupo inteiro dedicado à animação de um único personagem.

Depois de serem finalizados, todos os desenhos são colocados em uma célula (camadas de desenhos superpostas com uma câmera na parte superior). As personagens ficam em uma folha transparente e o cenário em outra, de modo que a impressão de mobilidade é gerada pela movimentação da folha juntamente ao cenário, alternando entre as posições das personagens. Em seguida, juntam-se todas as imagens (representadas por *frames*) com um áudio. A animação está pronta.

> **Importante**
>
> No início, as animações eram feitas com 24 *frames* por segundo, ou seja, 24 desenhos por segundo, o que era muito trabalhoso. Com o tempo, a animação clássica foi evoluindo e passou por vários tipos de produções. A mais atual é realizada com a ajuda de computadores. Os desenhos podem ser feitos à mão e depois digitalizados ou diretamente elaborados em uma mesa digitalizadora e compilados em um programa de edição.

2.2 Animação 2D

A *animação 2D*, como o nome sugere, é bidimensional, ou seja, conta com duas dimensões. Os desenhos usados para criar esse tipo de trabalho caracterizam-se por imagens planas e sem profundidade, cujas animações podem mover-se somente por meio de dois eixos: horizontal e vertical. Na atualidade, são animações feitas em computador e por meio de diferentes técnicas, como quadro a quadro. Para cada segundo de vídeo, são necessários de 24 a 30 quadros; por isso, para criar uma cena com 10 segundos de duração, são necessários de 240 a 300 quadros.

Nos primeiros trabalhos do gênero na Disney, cada desenho era feito manualmente e cada personagem era desenhado em um *frame* do vídeo e pintado em plásticos transparentes. Depois de desenhadas, as imagens eram fotografadas uma a uma, dentro de um cenário também desenhado, em uma técnica semelhante ao *stop motion*, sobre a qual falaremos mais adiante. Concluídas essas etapas, cada imagem era organizada em uma sequência para dar forma à animação.

> **Importante**
> Embora seja classificada como *tradicional*, a animação 2D modernizou-se por meio de *softwares*, utilizados pelos animadores para criar parte da animação ou até mesmo a animação completa. Obviamente, a utilização desses recursos não pressupõe que o desenho foi abandonado – a técnica 2D se utiliza de desenhos, mas eles não são mais elaborados manualmente.

Apesar de as etapas de animação 2D não serem muitas, elas são bastante complexas. Elas são divididas em quatro estágios:

Quadro 2.2 – **Etapas da animação 2D**

Direção de arte	Etapa em que é definida a parte mais estética do vídeo, a partir de roteiros e *storyboard*.
Ilustração das personagens	Etapa em que os personagens são ilustrados para serem animados. Cada um passa por um processo de direção de arte.
Produção	Etapa da animação propriamente dita. É quando as duas etapas anteriores se unem para dar vida ao vídeo.
Sound effects	Etapa final, em que a trilha e os efeitos sonoros são colocados para finalizar o vídeo 2D.

A animação 2D pode ser utilizada para tipografias animadas, elementos gráficos em filmes e vinhetas de abertura de programas de TV, entre outras aplicações. A animação está tão presente no nosso cotidiano que por vezes nem nos damos conta – o vídeo 2D pode ser utilizado como ferramenta de venda de serviços e produtos no varejo, na indústria, no *e-commerce*, em campanhas publicitárias e promocionais, como a *Black Friday*, bem como em materiais explicativos, para transmitir conteúdos mais complexos de maneira mais assimilável. Seu caráter lúdico atrai mais espectadores nas mídias sociais, aumentando assim as chances de vendas de produtos, serviços e conceitos.

Com o surgimento da animação 3D e sua evolução no decorrer dos últimos anos, a viabilidade de investir em animações 2D se tornou questionável. Podemos afirmar que ela ainda tem várias utilidades: elas podem ser usadas nos espaços corporativos ou na transmissão de mensagens para o público infantil, por exemplo.

Essa técnica permanece viva nas oficinas de criação e acompanha o avanço tecnológico. Além disso, custa muito menos que sua alternativa e demanda muito menos tempo.

2.3 Animação 3D

A animação 3D conta com um processo de elaboração bastante semelhante ao das outras animações. Tudo tem início com uma ideia que, por intermédio do *briefing*, transforma-se em um história. Essa etapa pode incluir os esboços da narrativa, os conceitos, as cores dos cenários, entre outros elementos. O segundo passo é o **roteiro**, que conta a história, divide a cena, descreve as personagens, os diálogos, as ações e as transições. O terceiro passo é a criação do *storyboard*, sendo o quarto passo a animação desse esquema, etapa também chamada de *animatic*. Nesse momento, são ajustados o tempo e o ritmo da animação.

> **Fique atento!**
>
> Convém destacar que, até a terceira etapa, o processo de criação é bem semelhante ao de criação de animações 2D, se não o mesmo. No entanto, a partir da quarta etapa, no 2D, o desenho segue para o traço final, que "limpa a sujeira", deixando a arte mais clara. No 3D, por meio de formas como cubos, esferas, cilindros, cones, entre outras, é feita a modelagem que esculpe os personagens, objetos e cenários. Nesse caso, a próxima etapa consiste adicionar os controles que permitem os movimentos dos personagens e objetos, o que no 2D é chamado de *bonés*, e no 3D é denominado *rigging*.

Após o desenho das principais poses do movimento, o que chamamos de *keyframes* no 2D e de *blocking* no 3D, é possível suavizar o movimento com a inserção de desenhos entre as principais poses do personagem, para ele não pareça um robô (no 2D, essa técnica é chamada de **in-betweens**; já no 3D, é conhecida como *polishing*).

No 2D, o próximo passo é o de **colorir todos os desenhos**. No 3D, é o momento de **aplicar as texturas**, como madeira, pedra, vidro, metal, entre outras. Na sequência, deve-se dar volume ao desenho no 2D, com a aplicação de luz e sombra; no 3D, deve-se adicionar as luzes para os efeitos de iluminação. Na sequência, é o momento de gerar o resultado de tudo que está na cena, etapa chamada de *renderização de filme*.

Após a renderização, é a hora da composição, em que podem ser adicionados o áudio, os diálogos, as músicas, os efeitos sonoros, os efeitos de fumaça, de fogo, de cores, de filtros, de luzes especiais, de cenários, entre outras inúmeras possibilidades. Depois de adicionar tudo isso, é feita uma nova renderização para que ela esteja pronta. Esse é basicamente todo o processo de trabalho por traz de uma animação 3D.

2.4 Motions graphics

Motion graphics, em tradução livre do inglês, significa "grafismo em movimento". Seguindo essa ideia, podemos definir esse procedimento como a manipulação de camadas de elementos gráficos de qualquer tipo, movimentados de maneira criativa. De acordo com Meroz (2021), a principal diferença entre o *motion graphics* e os outros tipos de animação está no fato de as ações não serem guiadas por personagens e suas histórias.

> **O que é?**
>
> O *motion graphics*, técnica híbrida que une conceitos de *design* e cinema, surgiu em meados da década de 1940 e se desenvolveu notavelmente nos anos de 1950, tendo sido concebida para dinamizar as aberturas e os créditos de produções de cinema. Sua história está diretamente ligada à computação gráfica e ao desenvolvimento tecnológico, e seu mercado atual pode ser dividido em três áreas principais: o cinema, a televisão e, por fim, o vídeo digital, que engloba videoclipes, videoartes e *cinematic* para *games*, entre outros.

A distinção entre *motion graphics* e a animação tradicional, de modo geral, reside no tipo de história. Ao passo que a animação tradicional apresenta uma história com enredo e com personagens que se expressam, no *motion graphics* não há expressão direta dos personagens retratados (Pimenta, 2020).

São seis os tipos de *motion graphics*, como demonstramos a seguir (Gonçalo, 2022):

1. estilo 3D;
2. *flat design;*
3. *whiteboard animation;*
4. infantil;
5. retrô moderno;
6. corporativo.

2.5 Stop motion

Stop motion é um tipo de animação que utiliza desenho para confecção de bonecos, objetos e outros elementos do mundo real. Um dos primeiros experimentos na técnica de *stop motion* foi o filme russo *A vingança do cameraman*, do ano de 1912. Logo em seguida, essa técnica de produção passou a ser amplamente utilizada pelo cinema para a produção de efeitos especiais ou de criaturas fantásticas em filmes com atores reais. Como exemplo, podemos citar a primeira versão de *King Kong*, datada de 1933, e a produção de *Jasão e os Argonautas*, do ano de 1963. O responsável por dar vida a essas criaturas nesses filmes foi o americano Ray Harryhausen (1920-2013), que se tornou o "pai" dessa categoria de animação.

> **O que é?**
>
> A técnica consiste basicamente em criar *frames* com base em fotografias de cenários reais, que podem ser criados com diversos elementos, como argila ou massa de modelar, para dar a ilusão de movimento. Uma produção representativa que utiliza essa técnica é a animação *O estranho mundo de Jack*, do ano de 1993, dirigido por Henry Selick e produzido por Tim Burton. Após o grande sucesso do filme, esse tipo de trabalho passou a ser extensamente usado no cinema para produção de longas-metragens.

Para a produção de animação em *stop motion*, é necessária uma câmera conectada a um computador ou dispositivo similar, um *software* para unir os *frames* dessa animação e criatividade. Esse processo consiste basicamente em fotografar um objeto, movimentá-lo milimetricamente, tirar outra foto, repetir o processo, até que a quantidade de *frames* necessária para criar a cena seja atingida. Ao colocar todos esses *frames* em sequência, tem-se o vídeo produzido.

2.5 Aplicações da animação

Para finalizar o capítulo, trataremos brevemente dos procedimentos práticos das animações, com suas formas, sua produção, seus princípios, suas maneiras de captação de movimento e suas superfícies deformáveis (Animação, 2019):

- **Animação por quadro-chave (*keyframe*)** – marcação entre um ponto e outro no qual vai ocorrer um movimento. É basicamente um quadro-chave no qual se apresenta uma ideia visual de algo que vai acontecer em um filme, um *game*, uma animação ou qualquer outra produção voltada para esse setor.
- **Animação por *script*** – "sequência de instruções, em uma linguagem interpretável pelo sistema, para controle dos objetos e suas respectivas propriedades de animação, textura e comportamento" (Animação, 2019). O *software* 3ds Max, utilizado para criação de *games*, tem *script* para criar animações e objetos complexos.
- **Animação procedural** – "modelos matemáticos implementados em linguagens de programação para simulação de forças físicas (gravidade, por exemplo). As melhores aplicações desse tipo implementam soluções para a simulação da dinâmica de fluidos, movimento de roupas, cores […] e alguns animais" (Animação..., 2019).

- **Animação representacional** – recurso que permite que objetos mudem de forma, movimentem-se e andem durante a animação. Essa técnica conta com três subcategorias: (1) animação de objetos articulados; (2) animação de objetos suaves (usada para deformar e animar a deformação de objetos); (3) transformação de objetos em formas completamente diferentes do original.
- **Animação estocástica** – essa técnica usa processo estocástico ou randômico para controlar os objetos.
- **Animação *straight ahead*** – também conhecida como *animação direta*, é o tipo de animação em que profissional desenha todos os quadros sequencialmente.
- **Animação *pose-to-pose*** – método que consiste em elaborar um desenho no início e outro no fim de cada pose principal e depois preencher os desenhos no meio (entrequadros). Técnica que oferece mais controle se comparada à *straight ahead*.
- **Animação comportamental** – na animação comportamental, o animador descreve um conjunto de regras para definir como os objetos da cena reagirão com o ambiente.
- **Animação *track based*** – "generalização da animação por quadros-chave. Enquanto nos sistemas de quadros-chave todos os parâmetros devem ser especificados, nos sistemas *track based* somente os parâmetros que controlam as interpolações devem ser determinados e em qualquer ponto do tempo" (Animação, 2019).

- **Canal *alpha*** – o canal *alpha* interpreta o preto como transparente e o branco como opaco. Independentemente de os objetos construídos estarem pintados com cores como branco, verde, vermelho ou marrom, esse detalhe não é relevante nessa técnica, nem mesmo no que se refere à intensidade da cor. O importante nesse caso é a diferenciação do que é opaco e do que é transparente. De acordo com Conci (2014): "uma imagem em Canal Alpha é essencialmente uma silhueta em preto e branco dos elementos de uma cena, onde: o preto representa as partes totalmente transparentes da imagem; o branco representa as partes totalmente opacas da imagem".
- **Composição** – une "diferentes elementos renderizados em computador com elementos reais obtidos no set de filmagem. [...]. Na composição, é possível ajustar cores das imagens, adicionar a granulação típica de filme (*film grain*), trocar texturas dos objetos 3D, ajustar a iluminação virtual etc" (Animação, 2019).
- **Filmagem da cena real** – simulação de todas as interações do personagem com o ambiente real, como se o personagem 3D estivesse no local.
- **Reconstrução da cena em 3D** – criação de uma versão em 3D sintética do cenário e dos objetos com os quais o personagem 3D interage nas cenas.

Com esse breve panorama dos tipos de animações e suas subcategorias e aplicabilidades, podemos passar às apresentações mais aprofundadas das animações 2D e 3D. Comecemos no capítulo a seguir com as especificidades da animação 2D.

Monstar Studio/Shutterstock

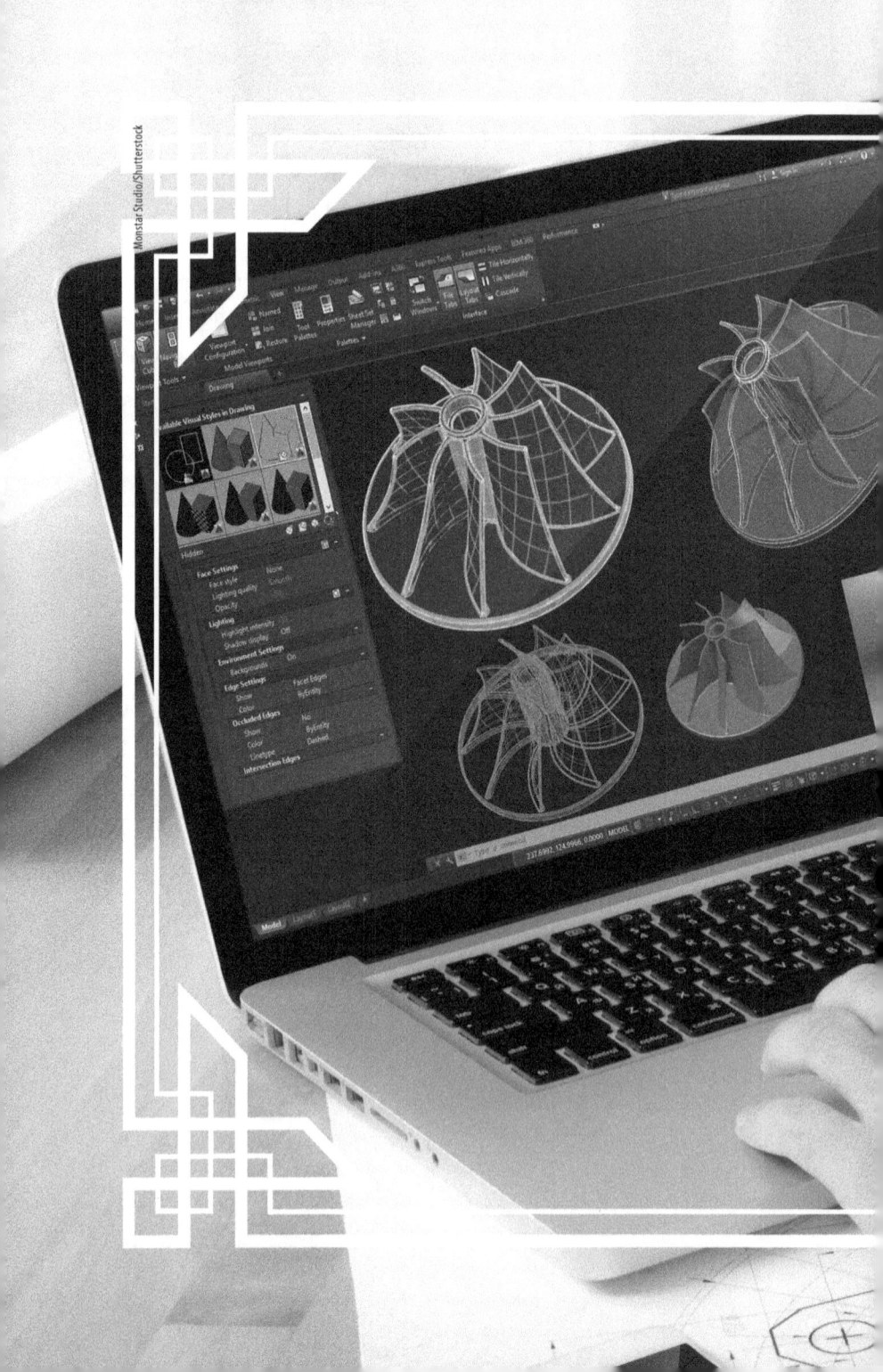

CAPÍTULO 3

ANIMAÇÃO 2D

A animação 2D é a base de qualquer produção do gênero das animações. Amplamente utilizada por animadores no decorrer das produções audiovisuais, sempre foi uma manifestação artística desafiadora – para se ter uma ideia, um segundo de filmagem demanda 24 quadros, o que nos permite afirmar que se trata de uma produção exaustiva. Mesmo com todas as adaptações de técnicas pelas quais o desenho passou ao longo da história, o 2D segue sendo muito explorado:

além do cinema de animação (nas suas vertentes de animação útil, animação comercial, animação de autor e efeitos especiais & visuais), é hoje comum a utilização de animação para diversos fins e áreas.

[…]

Geralmente, a designação "animação digital 2D", ou simplesmente "animação 2D", é utilizada para identificar um subgrupo da animação digital em que o animador marca as posições-chave (*keyframes*) e o computador procura preencher as posições intermédias através de interpolação (*tweening*). As "*keyframes*" são da responsabilidade do animador (na animação tradicional eram da responsabilidade do animador principal ou veterano) e as "*inbetweens*", as *frames* intermédias, são criadas pelo computador (na animação tradicional eram desenhadas pelos animadores mais jovens ou secundários). (Introdução…, 2023)

Com a relevância dessa produção devidamente evidenciada, podemos passar aos instrumentos utilizados na animação 2D.

3.1 Mecanismos e dispositivos de animação 2D

A animação 2D se fundamenta na ilusão de ótica – nossos olhos se enganam facilmente com as imagens se alternamos de uma imagem para outra muito rápido. Assim, nosso cérebro faz o caminho (preenche o espaço automaticamente) de ilustração uma para outra, mesmo que o movimento não tenha sido suave. Muitos recursos de animação antigos que podem ser utilizados para alcançar esse feito. Vamos começar com o taumatrópio.

3.1.1 Taumatrópio

Esse instrumento é de simples elaboração: em um pedaço de papel circular de duas faces, preso em uma linha de barbante nas extremidades, desenha-se de um lado um pássaro e, no outro, uma gaiola. Com o princípio vital da persistência retiniana, ao movimentar rapidamente o objeto dos dois lados, o cérebro junta as duas imagens (Figura 3.1).

Figura 3.1 – **Taumatrópio**

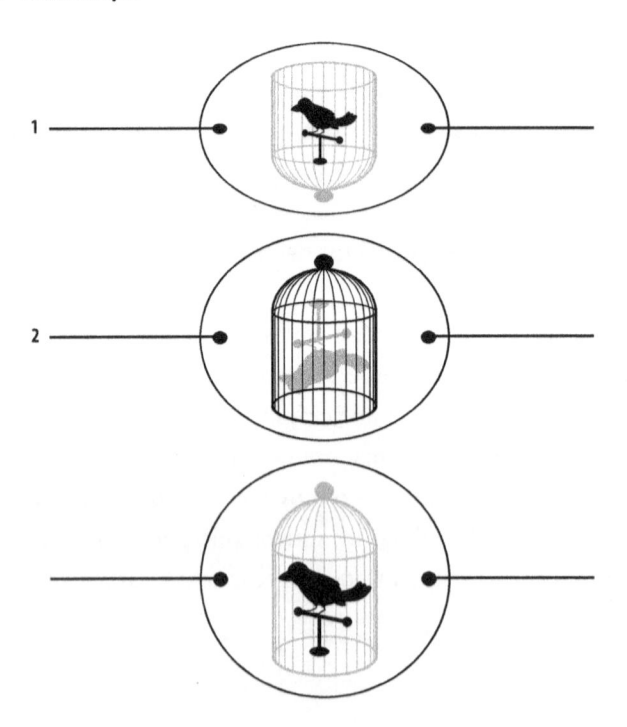

Vasilyev Maxim/Shutterstock

3.1.2 Zootrópio

O zootrópio (Figura 3.2) geralmente é construído com 11 quadros de madeira (ou outro material da preferência) posicionados por meio de encaixes específicos. No modelo simplificado, utilizam-se tiras de papel para os desenhos – cada tira tem em média oito desenhos encaixados no zootrópio.

Para a construção desse instrumento, pode-se utilizar cartolina preta, rolinho de pintura, prato para vasos de plantas e papel de tira com os oito desenhos. Para isso, é preciso furar o prato no centro para fixação do suporte do rolinho. Com o suporte já encaixado no rolinho, vaza-se a trava para fixar o prato e nele colar a cartolina preta.

Historicamente, assim como o taumatrópio e o fenaquistoscópio, esse item reforçou "a teoria da **persistência retiniana** [...], tratando-se de um tambor com pequenas aberturas nas laterais que denotavam os intervalos para os filetes de frames ilustrados que eram dispostos no interior das laterais do dispositivo, ao girá-los proporcionavam uma ilusão de movimento" (Costa, 2019, p. 21-22, grifo do original).

Figura 3.2 – **Zootrópio**

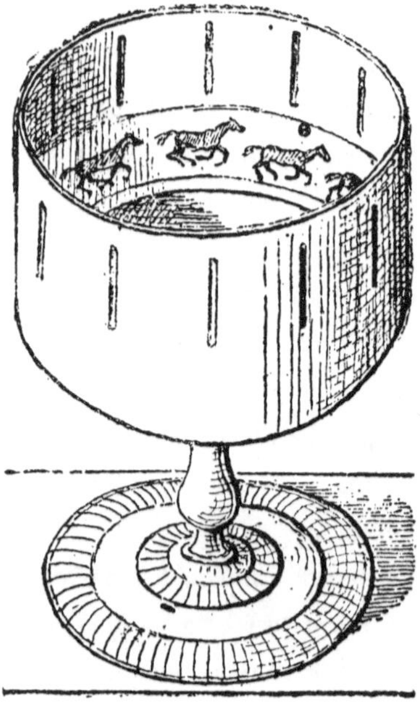

Morphart Creation/Shutterstock

3.1.3 *Flipbook* (folioscópio)

O *flipbook* (folioscópio) é uma espécie de "bloquinho" feito com base em um desenho, folha por folha. O resultado da sequência (quadro a quadro) é uma pequena animação. Geralmente, o *flipbook* é composto por blocos de *post-it*, blocos de notas ou até mesmo livros.

> Criado ainda no século XIX, por John Barns Linnet, é quase como um rudimento do que viria a ser os filmes e outros conteúdos feitos a partir de desenhos em movimento, como as famosas animações do estúdio Disney e similares.

Na prática, significa fazer uma série grande de desenhos no canto ou mesmo ocupando uma página, fazendo um desenho similar na próxima página, mas com pequenas diferenças. Depois de criar toda essa ordenação, se a técnica der certo, você conseguirá com a mão passar as folhas rapidamente e gerar um efeito "ilusório" de movimento. (Você..., 2019)

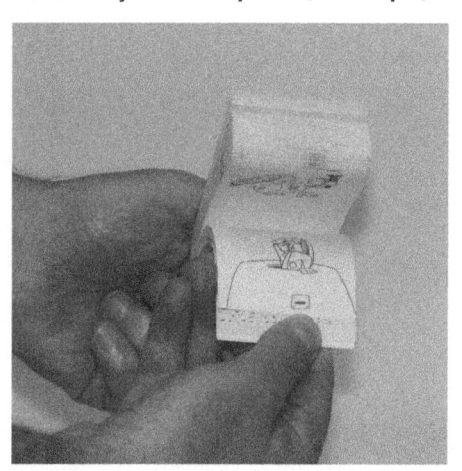

Figura 3.3 – **Processo de animação de um *flipbook* (folioscópio)**

Thamiris Souza/Fotoarena

3.1.4 Praxinoscópio

O praxinoscópio foi um instrumento criado no ano de 1877 pelo francês Charles Émile Reynaud, para criar a ilusão de animação com um espelho circular colocado no interior do tambor onde estão desenhadas as imagens, dando ilusão de movimento (Eusébio, 2012b). É considerado uma evolução do zootrópio, como também o primeiro protótipo de desenho animado. A distinção entre os dois é que, no praxinoscópio, as chamadas "tirar animadas" são visualizadas por meio de uma projeção que é feita em um espelho circular colocado dentro de uma espécie de tambor. Por ser um instrumento mais evoluído que seu antecessor, seu funcionamento não expõe a visão ao cansaço, haja vista que o foco é mais preciso. As múltiplas figuras, expostas a uma lanterna de projeção, criam a ilusão de movimento (Eusébio, 2012b).

Figura 3.4 – **Praxinoscópio**

Taner Muhlis Karaguzel/Shutterstock

Com essa rápida apresentação dos instrumentos que podem ser utilizados para a produção de animações 2D, vamos tratar, na sequência, das técnicas que se utilizam desses itens.

3.2 Técnicas de animação 2D

A animação feita à mão deixou um legado incrível e ensinamentos valiosos que são utilizados até hoje. Além disso, sua importância no mundo do cinema não pode ser ignorada:

A animação limitada usa um número menor de quadros por segundo, o que resulta em um desenho menos detalhado. O uso de um número menor de quadros que conectam os desenhos para criar as imagens reduz custos de produção, mas sacrifica a descrição realista dos movimentos e imagens. Consequentemente, a animação digital 2D completa tende a ser usada quando se busca qualidade, como no caso de longas-metragens para cinema, o que aumenta o orçamento dos projetos, enquanto a animação 2D limitada tende a ser usada em projetos focados em orçamentos menores, como no caso de séries de animação para a TV e direct-to-video. Em 2013, a produção de animação digital 2D limitada para TV foi responsável por 90% do total produzido para as televisões do mundo. (Gama, 2016)

Com a ideia do que produzir formada, deve-se começar primeiramente com uma imagem que servirá como base para o restante do processo. O desenho pode ser feito com qualquer tipo de material, especialmente com caneta preta, por oferecer mais visibilidade; o uso de lápis também é interessante, pois possibilita o ajuste de riscos fora de contexto. Com esse primeiro passo dado, podemos avançar para as categorias de técnicas utilizadas na animação 2D.

3.2.1 Rotoscopia

A rotoscopia consiste em desenhar/animar sobre as cenas previamente filmadas com atores profissionais ou mesmo cenas encenadas pelos próprios animadores. No processo de animação, é possível criar animações fluídas e realistas e ao mesmo tempo economizar tempo de trabalho, que pressupõe mais economia na produção como um todo – o tempo é um recurso extremamente escasso e importante em qualquer produção.

É uma técnica de animação onde um modelo humano é filmado ou fotografado em sequência e o desenho é feito com base nessa "captura". Existe um aparelho chamado rotoscópio, criado por Max Fleischer que visa facilitar a utilização dessa técnica. (Ferreira, 2022)

Figura 3.5 – **Rotoscopia**

UNITED STATE PATENT OFFICE. Max Fleicher, of Brooklyn, New, York: Method of Producing Moving-Picture cartoons. 1,242,674, Dec. 12th 1916, Oct. 9th 1917.

Assim como existem técnicas para transferir os movimentos de um ator para o modelo 3D, o mesmo vale para animações 2D com a técnica denominada *rotoscopia* ou *rotoscópia*: ela consiste basicamente em filmar o ator executando as ações e em seguida desenhar o personagem por cima dos *frames* da filmagem. Essa técnica foi bastante utilizada, por exemplo, em muitas produções da Disney.

Fique atento!

Por muito tempo, a técnica da rotoscopia era difícil de ser aplicada em razão de limitações técnicas: os artistas tinham de filmar com câmeras analógicas, de baixa qualidade, e, em seguida, revelar as imagens em preto e branco. Além disso, era necessário desenhar as animações em papel por cima das fotografias que já eram de baixa definição. Todos esses fatores dificultavas o processo, que muitas vezes não tinha bons resultados.

A tecnologia atual permite que a utilização dessa técnica em seu máximo potencial. Aliás, pode-se fazer uma filmagem com essa técnica com um celular e transferir o resultado para um computador.

3.2.2 *Stop motion*

Stop motion, que, em tradução livre, significa "movimento parado", é uma técnica que "utiliza-se da disposição sequencial de fotografias diferentes de um mesmo objeto inanimado a fim de simular seu movimento" (Ciriaco, 2009). Ela se utiliza a animação filmada quadro a quadro, como podemos ver em *Wallace & Gromit* (2005) e *Fuga das Galinhas* (2000).

A técnica de *stop motion* demanda uma filmadora ou uma máquina fotográfica. Na falta desses aparelhos, pode-se usar o celular. Para dar sensação de movimento, é preciso tirar a foto de um objeto, realizar qualquer movimento dele e tirar uma nova foto.

> *Stop Motion* (que poderia ser traduzido como "movimento parado") é uma técnica que utiliza a disposição sequencial de fotografias diferentes de um mesmo objeto inanimado para simular o seu movimento. Essas fotografias são chamadas de quadros e normalmente são tiradas de um mesmo ponto, com o objeto sofrendo uma leve mudança de lugar, afinal é isso que dá a ideia de movimento. (Ciriaco, 2009)

Figura 3.6 – **Processo de animação *stop motion* com bonecos Stikbot**

Vejamos a seguir algumas subscategorias do *stop motion*, começando com o *claymotion*.

3.2.2.1 Claymotion

Claymotion é um processo de animação em *stop motion* que usa figuras de argila ou plasticina (massa de modelar) movidas para criar uma aparência real quando os quadros de filme capturados são visualizados em sequência rápida.

Figura 3.7 – **Animação por *claymotion***

Javier Garcia 65/Shutterstock

3.2.2.2 *Cut-out*

A técnica de *cut-out*, ou "animação de recortes", usa materais como tecido, papel ou até mesmo fotografias para animar cenários, objetos e personagens. Segundo Gama (2016), a gravação desse tipo de animação também é feita quadro a quadro, como a série de animação francesa *Charlie e Lola* (2005). "A série de animação South Park é um dos exemplos mais populares de *cut-out* digital (*cut-out* feito com animação por computador) feito com *software* de animação 3D" (Técnica..., 2023).

Figura 3.8 – **Técnica de *cut-out***

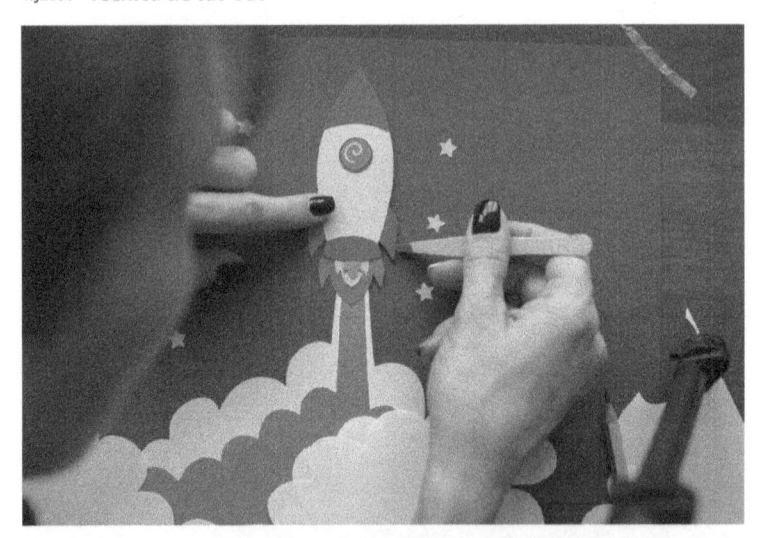

3.2.2.3 Objetos animados

Segundo Jacinto (2017, p. 16), objetos animados são

> uma ideia de movimento em objetos suscetíveis a uma ou mais animações induzidas pela ação humana. É criada uma interação física e emocional entre o objeto e o Homem, sendo que o primeiro reage à ação do segundo.

Figura 3.9 – **Objetos**

Fonte: Doodolândia, 2019.

3.2.2.4 Pixilação

Pixilação "é uma técnica de animação *stop motion* na qual actores vivos ou objectos reais são utilizados e captados *frame* a *frame* (como fotos), criando uma sequência de animação" (Eusébio, 2012a).

Figura 3.10 – **Pixilação**

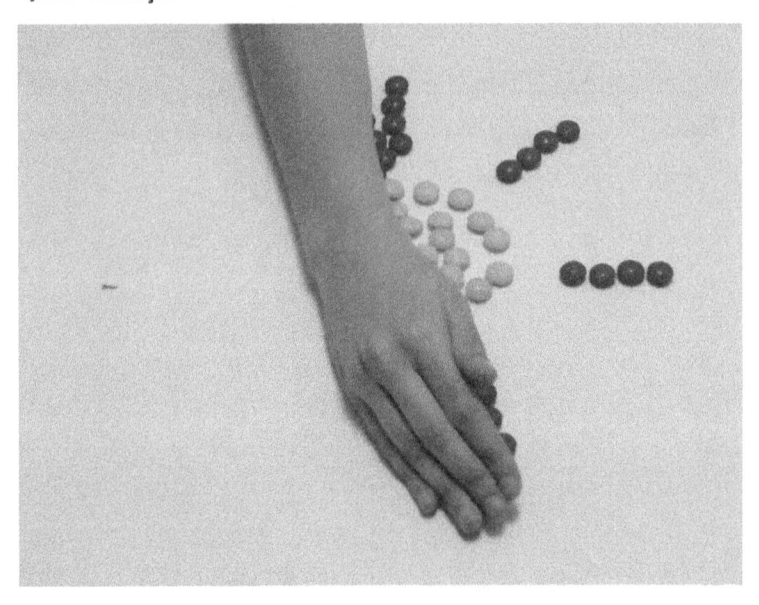

Fonte: Dionísio, 2014.

3.2.2.5 Animação com areia

De acordo com Mendes (2003), a animação com areia "é uma arte performativa em que o artista cria uma série de imagens sequenciais em cima de uma mesa, usando as mãos para desenhar linhas e formas".

Figura 3.11 – **Exemplo de uma animação com areia**

Fonte: Sand Artist Kseniya Simonova, 2020.

3.2.2.6 Animação direta

O método da animação direta consiste na ilustração e animação simultânea e sequencial de desenhos. Um dos princípios fundamentais dessa técnica é a alteração de tamanho dos personagens e mudanças de posição do objeto. Umas das dificuldades em utilizar a animação direta ocorre no caso de erro de uma pose da sequência; nessa hipótese, praticamente todos os outros desenhos deverão ser alterados. Exemplos da técnica: fogo, gotículas de água e explosões.

> No método "direto", o animador desenha ou capta um movimento após o outro até chegar à pose final da cena, nesse caso, a animação sai mais espontânea e a cena parece menos mecânica. O animador não planeja exatamente como vai ser o decorrer da cena e vai inventando na medida em que progride, essa é a maneira de se produzir animações em *stop motion*. (Luciano, 2019, p. 44)

Uma figura que representa a evolução dos desenhos animados em relação ao movimento está presente na sequência (Figura 3.12). As duas são consideradas 2D: a de cima utiliza a técnica de interpolação (movimento preenchido pelo *software* de animação); a seguir apresentamos a versão clássica ou tradicional, com vários desenhos replicados, mas com pequenas alterações para dar a sensação de movimento.

Figura 3.12 – **Método de animação direta**

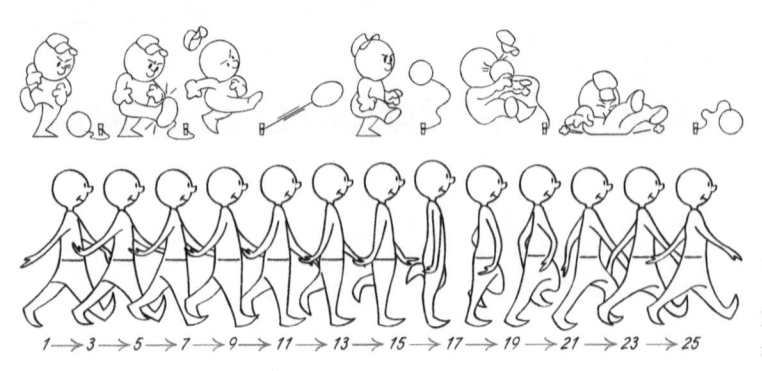

3.2.2.7 Animação em vidro

Na animação pintura em vidro (*paint on glass*), cada quadro é uma verdadeira obra de arte. Essa técnica foi desenvolvida e aplicada pelo russo Alexander Petrov com uso de tintas a óleo de secagem lenta em folhas de vidro.

Sobre uma superfície plana de vidro, ele meticulosamente pinta uma cena (usando os dedos ao invés de pincéis), tira uma fotografia, volta a retocar a pintura, bem sutilmente, tira outra foto e assim por diante. Ao usar várias chapas de vidro, tem-se a possibilidade de conseguir bastante profundidade com as diversas camadas. (Animation..., 2011)

Figura 3.13 – **Cena de *O Velho e o Mar* (1999)**

HEMINGWAY, E. **O velho e o mar**. 1999. Direção: Alexander Petrov. Animação, curta metragem, 22 min.

3.2.2.8 *Pinscreen*

A técnica *pinscreen* consiste no uso de uma série de pinos dispostos em um bloco perfurado. Ao empurrar um objeto contra a parte de trás da tela de pinos, uma "imagem" do objeto aparece na frente, criada a partir dos pinos que foram empurrados para a frente. Ao se inclinar a tela de pins para trás, todos os pinos retornam à posição inicial e a imagem é apagada.

O *pinscreen* foi originalmente criado em 1976 por Ward Fleming, inventor americano. Suas primeiras criações foram compostas por telões que apareciam em museus e galerias de arte. Na década de 1980, ele criou a versão portátil menor, que você pode ver na Figura 3.14, a seguir.

Figura 3.14 – **Exemplo de *pinscreen***

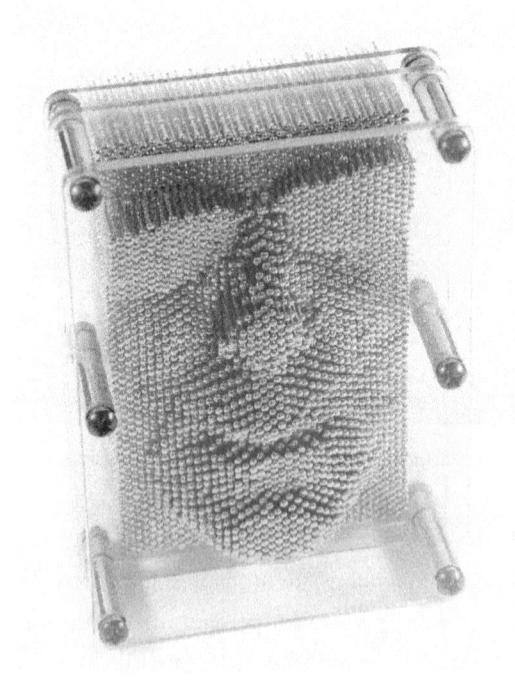

M.Brodie/Alamy/Fotoarena

3.2.3 Animação 2D digital

Na técnica de animação 2D digital, são utilizados recursos de intervalação automática por meio de *softwares*, como o Flash e Adobe Animate. Basicamente, consiste em animar um boneco bidimensional separado em partes.

<blockquote>
A animação digital é a arte de criar imagens em movimento utilizando tecnologia. Usando recursos da computação gráfica (que começaram a surgir durante a era da animação por computador) esse subcampo da computação gráfica e da animação é capaz de construir os já populares gráficos 2D e 3D. Produções feitas em animação digital podem ter destinos para formatos diversos, além do próprio computador, como filmes dedicados à publicidade e ao cinema. No mundo cinematográfico a animação já é tão valorizada que a própria premiação do Oscar tem uma categoria para essa técnica desde 1932. (O uso..., 2017)
</blockquote>

Para a construção de uma animação digital, é necessário o boneco bidimensional, separado em partes e com uma estrutura. Essas pequenas partes pressupõem animar as mãos e conferir aos pés a possibilidade de girar nos *frames* que forem criados.

3.3 Aplicações e tendências da animação 2D

Com todos esses detalhes referentes às classificações de animação devidamente esclarecidos, é importante destacarmos as áreas de atuação de um profissional dessa área. Atualmente, há oito campos promissores para investimento: (1) fabricação de brinquedos óticos; (2) experimentos artísticos; (3) audiovisual com ênfase em cinema de animação (histórias); (4) criação de *motion designs grafics*; (5) artefatos de design de comunicação; (6) artefatos de *design* de interação; (7) artefatos de *design* de informação; (8) produção de jogos e *games*.

No quadro a seguir, são expostas as principais áreas de aplicação da animação.

Quadro 3.1 – **Tendências do mercado da animação 2D**

Publicidade & negócios	Design e comunicação visual para fins promocionais e outros de âmbito comercial, engloba uma grande variedade de dispositivos e formatos, incluindo anúncios publicitários, visualização de produto, identidade corporativa, intros e logótipos animados, apresentações etc.
Infografia & visualização de informação	Dispositivos visuais animados para descrever e comunicar informações e dados. Representações gráficas de informações, dados e conhecimentos são, sobretudo, utilizadas para fins científicos, educacionais, jornalísticos e *marketing*.
Educação	Animações para facilitar a aprendizagem e apoiar o ensino em todos os seus níveis, formas e modalidades. Uma estratégia pedagógica para aumentar o interesse e a motivação para a aprendizagem é uma forma eficaz de representar o conhecimento e a informação, demonstrar processos ou relações.
Ciência	Imagem animada para fins científicos. Visualização de dados (meteorologia, física, medicina, biologia, química, ecologia, geografia etc) para proporcionar uma visão diferente e outra compreensão do fenômeno ou dos dados em estudo.

Fonte: Introdução…, 2023.

O mercado também aponta para a combinação entre 2D e 3D, os logotipos animados e o conceito da tipografia (3 tendências…, 2019):

- **Tipografia:** recurso amplamente usado em produções audiovisuais, tais como *lyric video*. Muito utilizado nos campos da gestão de marcas e no *marketing*.
- **Logo animada:** elemento obrigatório para qualquer peça publicitária da atualidade, a logo animada confere jovialidade à marca, tornando-a dinâmica.
- **3 – 2D + 3D:** um exemplo notável é a produção "Homem-Aranha: no Aranhaverso". A união entre 2D e 3D dá à produção uma roupagem repleta de movimentos, texturas, profundidades e cores variadas e ricas.

Na capítulo a seguir, voltaremos a abordagem para a animação 3D, iniciando com o conceito de formas primitivas e sua utilidade para o trabalho em *softwares* específicos de animação, tais como o 3ds Max.

Gorodenkoff/Shutterstock

CAPÍTULO 4

FORMAS PRIMITIVAS

As formas primitivas são todas as formas básicas do 3D responsáveis pela construção de objetos sólidos. Neste capítulo, trataremos de caixas, cones, cilindros, esferas, chaleiras, pirâmides, toroides (anéis), planos e textos *plus*.

No que concerne à modelagem, um prim pode ter seu tamanho, suas proporções e sua orientação alterados nos três eixos dimensionais: X, largura, representado pela cor vermelha; Y, profundidade, representado pela cor verde; Z, altura, representado pela cor azul. Outras ferramentas de modelagem que alteram ainda mais significativamente a forma dos primitivos são referidas pelos residentes como "torturar prims". A tortura inclui afinar e inclinar o primitivo nos eixos X e/ou Y, torcê-lo, cortá-lo e furá-lo. (Leitão, 2012)

Para a criação desses objetos sólidos primitivos, o *software* 3ds Max dispõe de três opções pré-configuradas: criação de primitivos de teclado, primitivos padrão e primitivos estendidos.

1. **Criação de primitivos de teclado:** desenvolve grande parte dos primitivos geométricos denominados *teclados* utilizando o próprio teclado como fonte de dados de entrada. Basta o início de uma operação que o tamanho de início de um objeto 3D e sua posição tridimensional já sejam definidos, ou seja, no eixo X, Y, Z. O 3ds Max atribui automaticamente o nome e a cor do objeto.

2. **Primitivos padrão (primitivos geométricos):** trata-se de objetos do mundo físico, ou seja, o mundo real (bola de futebol, tubos, caixas, alimentos como cones de sorvete e rosquinhas). Com base nos recursos do *software* 3ds Max, é possível modelar diversos primitivos por meio de apenas um primitivo. Além disso, é possível a combinação em objetos com nível maior de complexidade – esses itens podem ser refinados posteriormente por meio de outros modificadores

3. **Primitivos estendidos:** trata-se de uma série de coletivos com maior nível de complexidade disponíveis para o *software* 3ds Max. Para que você possa entender mais sobre esses elementos, nos próximos tópicos serão descritos cada tipo de primitivo estendido, bem como as configurações necessárias para seu respectivo desenvolvimento.

Na Figura 4.1, a seguir, apresentamos um exemplo de conjunto de formas que podem ser criadas com esse recurso.

Figura 4.1 – **Figuras geométricas tridimensionais básicas podem originar outras modelagens 3D**

Viktor Jarema/Shutterstock

Vejamos a seguir especificidades das formas apresentadas.

4.1 *Box* (caixa)

A caixa é uma forma simples entre os objetos primitivos, tendo como variação apenas o cubo. Na opção Escala, é possível alterar as proporções para "criar vários tipos diferentes de objetos retangulares, desde painéis e lajes grandes e planos até colunas altas e blocos pequenos" (Caixa, 2022).

Os comandos básicos para a construção de uma caixa são: primeiro deve-se clicar *Box* no painel de comandos; em seguida em menu *Create*, na sequência em *Standard Primitives* e, por último, em *Box*. Também é possível chegar a outros resultados similares seguindo os comandos descritos a seguir (Caixa, 2022):

> Painel Criar > (Geometria) > Primitivas padrão > Implementação Tipo de objeto > Botão Caixa
>
> Menu Padrão: menu Criar > Primitivas padrão > Caixa
>
> Menu Alt: menu Objetos > Primitivas > Caixa

Figura 4.2 – **Exemplos de construções de caixa**

kiyaksun/Shutterstock

Importante

Para facilitar a operação dos *softwares* de modelagem e animação, é fundamental conhecer alguns termos técnicos. Como alguns programas não contam com versões em português, alguns termos são simplesmente sua tradução, como apresentamos a seguir:

- *Length* = comprimento;
- *Width* = largura;
- *Height* = altura;
- *Length Segs* = número de segmentos no comprimento;
- *Width Segs* = número de segmentos na largura;
- *Height Seg* = número de segmentos na altura;
- *Generate Mapping Coords* = gera mapa de coordenadas para receber aplicação de materiais;
- *Real-World Map Size* = controla o método de escala usado para aplicar materiais com texturas.

A modelagem de cubos e caixas no *software* 3ds Max é muito comum; no caso do cubo, o comprimento, a largura e a altura são iguais. A criação de um cubo é uma operação de etapa única – para criá-lo, inicie o processo no centro do cubo, arrastando uma *viewport* para definir as três dimensões simultaneamente. É possível alterar as dimensões individuais de um cubo com a implementação de parâmetros.

Já para a criação de caixa, é necessária uma primitiva de caixa padrão de um canto até o canto na diagonal oposta, com diferentes configurações de comprimento, largura e altura, sendo que os padrões produzem uma caixa com um segmento em cada lado. Os parâmetros devem estar configurados para que a caixa ou o cubo sejam criados.

4.2 Cone

O cone também é uma variação de um objeto sólido primitivo. Segundo Oliveira (2008, p. 33), o 3ds Max "permite o desenho de cones fechados ou truncados pela definição de raio, altura e abertura da ponta".

Para construir um cone, são necessárias algumas configurações-chave. Na Figura 4.3, a seguir, uma adaptação das obras de Oliveira (2008) e Autodesk Knowledge (Cone, 2022) mostra a sequência para criar o objeto.

Figura 4.3 – **Criação de um cone**

Opção Cone no painel de comandos
Menu *Create* > *Standard Primitives* > *Cone*
1. Clique e arraste o *mouse* na *viewport* para definir o raio da base.
2. Leve o *mouse* para cima ou para baixo para definir a altura; clique para fixar.
3. Movimente o *mouse* para abrir ou fechar o cone; fixe com um clique.
4. Defina as propriedades no quadro *Parameters*:
• *Radius 1* = raio da base;
• *Radius 2* = raio do topo;
• *Height* = altura;
• *Height Segments* = número de segmentos na altura;
• *Cap Segments* = número de segmentos na capa (fechamento do topo);
• *Sides* = número de lados;
• *Smooth* = cria o objeto suavizado;
• *Slice On* = ativa o corte no objeto;
• *Slice From* = ângulo inicial de corte;
• *Slice To* = ângulo final de corte.
O recurso Cone permite produzir cones redondos: verticais, invertidos e truncados.
Painel *Criar* > *(Geometria)* > *Primitivos padrão* > implementação *Tipo de objeto* > comando Cone
Menu Padrão: menu *Criar* > *Primitivas padrão* > *Cone*
Menu *Alt*: menu *Objetos* > *Primitivas* > *Cone*
Para criar um cone:
1. No menu *Criar*, selecione *Primitivos padrão Cone*.
2. Em qualquer *viewport*, arraste para definir um raio para a base do cone e, em seguida, solte o botão do *mouse* para defini-lo.
3. Mova para cima ou para baixo para definir uma altura, positiva ou negativa, e clique para definir.
4. Mova para definir um raio para a outra extremidade do cone. Diminua o raio para 0 para obter um cone com ponta.
5. Clique para definir o segundo raio e criar o cone.

Fonte: Elaborado com base em Caixa, 2022; Oliveira, 2008.

Finalizada a sequência no parâmetro com as predefinições, a imagem de um cone será criada, conforme a Figura 4.4, a seguir.

Figura 4.4 – **Exemplo de cone**

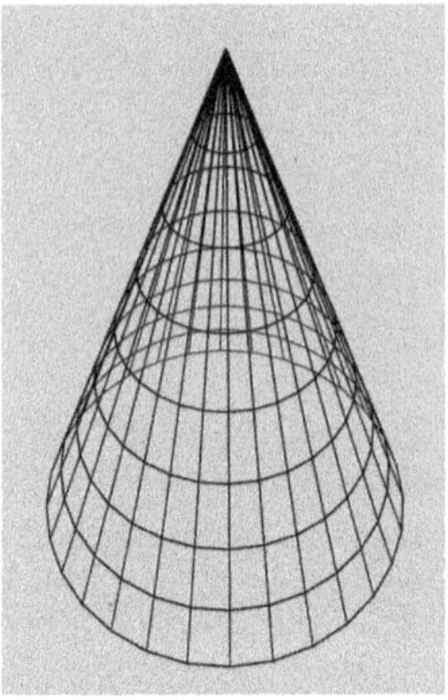

Suwatchai Pluemruetai/Shutterstock

4.3 *Sphere* (esfera)

De acordo com Autodesk Knowledge (Cone, 2022), o recurso Cone permite "produzir cones redondos: verticais, invertidos e truncados"; além disso, permite o desenho de esferas. A seguir, apresentamos um passo a passo para a construção de uma esfera no 3ds Max. Você poderá observar como são simples os comandos necessários e quão diversas são as alternativas para a utilização desses comandos. A primeira é utilizar a opção *Sphere,* no painel de comandos. Outra possibilidade é acessar o menu *Create,* a opção *Standard Primitives* em seguida e, por último, *Sphere.* Também é possível criar esferas clicando e arrastando o *mouse* para definir um raio e depois estabelecer as propriedades no quadro *Parameters.*

A opção de esfera produz uma forma completa ou uma parte horizontal, como um hemisfério. Também é possível "fatiar" uma esfera em torno de seu eixo vertical: para isso, basta realizar os seguintes procedimentos (Cone, 2022):

- Painel Criar > (Geometria) > Primitivas padrão > Implementação Tipo de objeto > Botão Esfera.
- Menu Padrão: menu Criar > Primitivas padrão > Esfera, seguindo os seguintes procedimentos:
- Menu Alt: menu Objetos > Primitivas > Esfera.

Alguns termos técnicos relacionados à criação de esfera ou simplesmente sua tradução simples serão apresentados a seguir (Caixa, 2022; Oliveira, 2008):

- *Radius* = raio;
- *Segments* = número de segmentos;
- *Smooth* = cria o objeto suavizado;
- *Hemisphere* = define o valor de corte para eixo horizontal da esfera; de 0,0 a 1,0;
- *Chop* = reduz o número de segmentos em função da posição do corte horizontal;
- *Squash* = mantém o número de segmentos, fazendo sua redistribuição em função da posição de corte;
- *Slice On* = ativa o corte no objeto;
- *Slice From* = ângulo inicial de corte;
- *SliceTo* = ângulo final de corte;
- *Base To Pivot* = faz a esfera ter seu ponto de X, Y e Z na base.

Ao executar os comandos no parâmetro, uma esfera é criada. Essa forma básica auxilia em diversos projetos e na formação de novos objetos tridimensionais (Figura 4.5).

Figura 4.5 – **Exemplo de esfera**

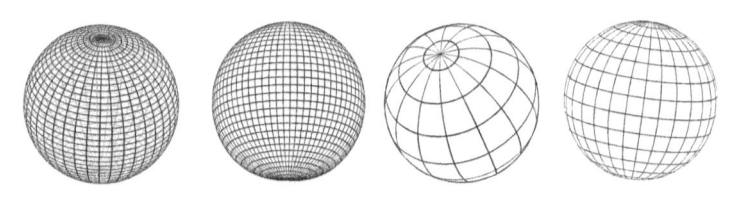

Kjpargeter/Shutterstock

4.4 *Geosphere* (esfera por lados triangulares)

De acordo com Oliveira (2008, p. 35), a opção *Geosphere* "permite o desenho de esferas com a malha em forma de triângulos. [...] apresenta vantagens com relação à esfera na aplicação de alguns deformadores de objetos". Esse objeto também se enquadra como um objeto sólido primitivo. A seguir, apresentaremos a sequência para criação de uma geoesfera – uma das opções consiste no acesso ao comando *GeoSphere* no painel respectivo, acionado pelo menu *Create, Standard Primitives* na sequência e, por último, a opção *GeoSphere*.

Você pode utilizar *GeoSphere* para "criar esferas e hemisférios com base em três classes de poliedros regulares" (GeoSphere, 2017). Realize os seguintes procedimentos: "Painel Criar > (Geometria) > Primitivas padrão > Implementação Tipo de objeto > comando

GeoSphere" (GeoSphere, 2017). Outro caminho possível é pelo menu Padrão: menu *Criar* > *Primitivas padrão* > *GeoSphere* e pela opção menu *Alt*: menu *Objetos* > *Primitivas* > *GeoSphere*. Sempre é importante salientar que é necessário clicar e arrastar o *mouse* para definir o raio e as propriedades no quadro *Parameters*.

Alguns termos técnicos relacionados à criação de GeoSphere ou sua tradução simples são apresentados a seguir:

- *Radius* = raio;
- *Segments* = número de segmentos;
- *Smooth* = cria o objeto suavizado;
- *Hemisphere* = cria meia esfera;
- *Geodesic Base Type* = define o tipo de esfera;
- Tetra = esfera definida com base em quatro lados;
- Octa = esfera definida com base em oito lados;
- Icosa = esfera definida com base em 20 lados (modo padrão de desenho).

Além das opções de criação de esferas já listadas, podemos citar a que se encontra no menu Criar: acesse esse recurso e, em seguida, escolha Primitivas Padrão *Geosphere* – em uma *viewport*, arraste para definir o centro e o raio da geosfera; em seguida, defina os parâmetros como Tipo de base geodésica e Segmentos. Para criar um geo-hemisfério, na implementação Parâmetros, ative a caixa de seleção Hemisfério; executando esses procedimentos, a geosfera é convertida em um hemisfério.

Na Figura 4.6, a seguir, temos a representação de uma geosfera de três lados, uma das formas básicas do 3ds Max.

Figura 4.6 – **Geoesfera com três lados**

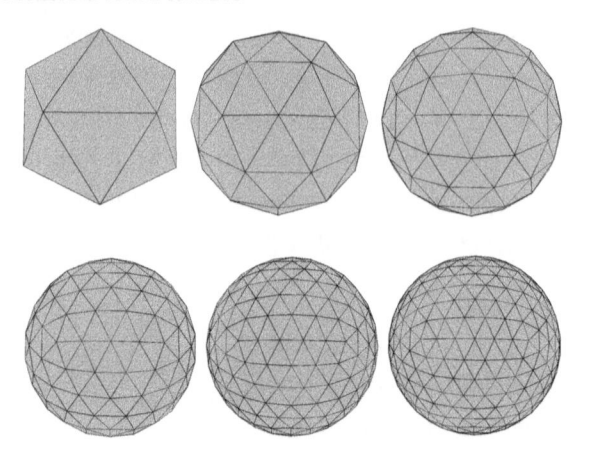

4.5 *Cylinder* (cilindro)

Essa função produz um cilindro, que pode ser "fatiado" em torno de seu eixo principal e permite o desenho de cilindros com base na definição do raio da base e da altura. A seguir, apresentaremos as configurações básicas para a construção de um cilindro, que pode ser construído pelo comando *Cylinder* no painel respectivo. Para isso, acesse o menu *Create, Standard Primitives* na sequência e, por último, *Cylinder*. A figura tridimensional de cilindro produz um cilindro que pode ser "fatiado" em torno de seu eixo principal – para executar essa ação, acesse o painel *Criar > (Geometria) > Primitivas padrão > Implementação Tipo de objeto > botão Cilindro*. Há também a opção do menu Padrão: menu *Criar > Primitivas padrão > Cilindro*. Também há o recurso do menu *Alt*: menu *Objetos > Primitivas > Cilindro*.

É importante lembrar que você deve clicar e arrastar o *mouse* para definir o raio da base, levar o *mouse* para cima ou para baixo para definir a altura e clicar para fixar e definir as propriedades no quadro *Parameters*.

Alguns termos técnicos ou simplesmente a tradução relacionados à criação de cilindros serão apresentados a seguir (Oliveira, 2017):

- *Radius* = raio da base;
- *Height* = altura;
- *Height Segments* = número de segmentos na altura;
- *Cap Segments* = número de segmentos na capa (fechamento do topo);
- *Sides* = número de lados;
- *Smooth* = cria o objeto suavizado;
- *Slice On* = ativa o corte no objeto;
- *Slice From* = ângulo inicial de corte;
- *Slice To* = ângulo final de corte.

De maneira geral, para criar um cilindro, basta acessar painel Criar, selecionar Primitivas padrão Cilindro em alguma *viewport*, arrastar para definir o raio da base e, em seguida, soltar o botão do *mouse* para definir o raio. Na sequência, mova o *mouse* para cima ou para baixo para definir uma altura, positiva ou negativa, e clique para determinar a altura e criar o cilindro. A seguir, a Figura 4.7 apresenta um exemplo do resultado esperado.

Figura 4.7 – **Opções de figuras geométricas com base da figura plana de um círculo**

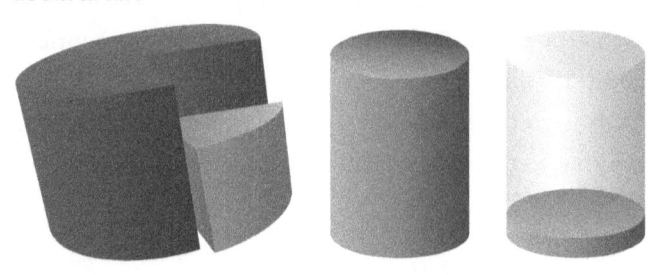

pixssa/Shutterstock

4.6 *Tube* (tubo)

O desenvolvimento de desenho de um tubo ocorre com base na definição de raio externo, raio interno e altura por meio do comando *Tube*, que pode ser acessado no menu *Create*, *Standard Primitives* na sequência e, por último, *Tube*. A primitiva denominada *tubo* tem a função de criar um cilindro com um furo concêntrico, e sua forma pode ser tanto prismática quanto arredondada – para criá-la, basta que você acesse o painel *Criar* > (*Geometria*) > *Primitivas padrão* > *Implementação Tipo de objeto* > comando *Tubo*. Você também pode utilizar o menu Padrão: menu *Criar* > *Primitivas padrão* > *Tubo*, bem como o menu *Alt*: menu *Objetos* > *Primitivas* > *Tubo* (Tubo, 2018). Não se esqueça de executar os seguintes procedimentos:

1. clique e arraste o *mouse* para definir o raio 1 (externo);
2. clique e arraste o *mouse* para definir o raio 2 (interno);
3. leve o *mouse* para cima ou para baixo para definir a altura; clique para fixar;
4. defina as propriedades no quadro *Parameters*.

De maneira geral, a criação de um tubo obedece às seguintes etapas: no menu Criar, escolha Primitivas padrão Tubo; em qualquer *viewport*, arraste para definir o primeiro raio, que pode estar no interior ou exterior do raio do tubo; na sequência, solte o botão do *mouse* para determinar o raio. Em seguida, mova para definir o segundo raio e, após, clique para defini-lo. Depois de mover para cima ou para baixo de modo a determinar uma altura positiva ou negativa, clique para estabelecer a altura e criar o tubo.

Para criar um tubo prismático, você deve seguir os seguintes procedimentos: definir o número de lados para o tipo de prisma desejado e, na sequência, desativar a opção Suave e, por fim, criar um tubo.

Figura 4.8 – **Exemplo de figuras tridimensionais de tubos**

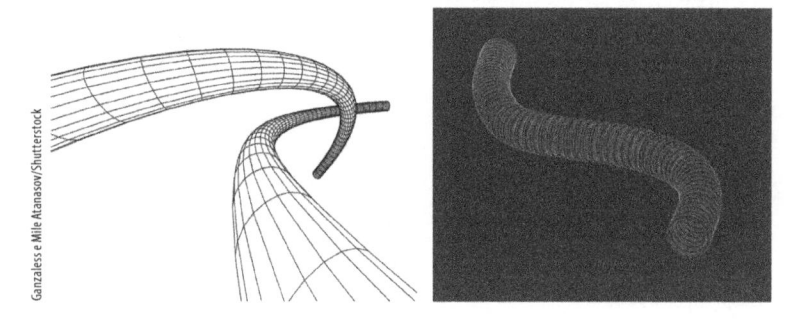

Ganzaless e Mile Atanasow/Shutterstock

4.7 *Torus* (toroide)

Para executar desenhos de objetos do tipo toroide com o acréscimo de um raio de circunferência e um raio de tubo no 3ds Max, acesse a opção *Torus* no painel de comandos ou no menu *Create*, *Standard Primitives* na sequência e, por último, *Torus*. O toroide cria um anel com uma seção transversal circular, que, em razão de sua característica, também é conhecido em alguns casos como "rosquinha" (Toroide, 2019). Permite o desenvolvimento de uma combinação de três opções para suavizar, com atributos tanto de torção quanto de rotação, o desenvolvimento de variações complexas (Toroide, 2019). Para executar o procedimento, acesse o painel *Criar > (Geometria) > Primitivos padrão > Implementação de Tipo de objeto* > botão *Toroide* ou menu *Padrão*: menu *Criar > Primitivas padrão > Toroide*; além disso, pode utilizar o menu *Alt*: menu *Objetos > Primitivas > Toroide*. É importante lembrar de executar os três passos a seguir (Oliveira, 2017):

1. clicar e arrastar o *mouse* para a determinação do raio da circunferência;
2. movimentar o *mouse* para a determinação do raio do tubo; clique para fixar;
3. defina as propriedades no quadro *Parameters*.

Apresentamos a seguir alguns termos técnicos relacionados à criação de toroide ou sua tradução simples, conforme Oliveira (2008, p. 550):

- *Radius 1* = raio da circunferência;
- *Radius 2* = raio do tubo;
- *Rotation* = rotação dos segmentos horizontais;
- *Twist* = rotação dos segmentos que formam os lados;

- *Segments* = número de segmentos;
- *Sides* = número de lados;
- *Smooth* = cria o objeto suavizado;
- *All* = suavização aplicada a todas as partes do *Torus*;
- *Sides* = suavização aplicada apenas aos lados;
- *Segments* = aplicado apenas aos segmentos;
- *None* = sem suavização;
- *Slice On* = ativa o corte no objeto;
- *Slice From* = ângulo inicial de corte.

Figura 4.9 – **Exemplos de figuras geométricas toroides**

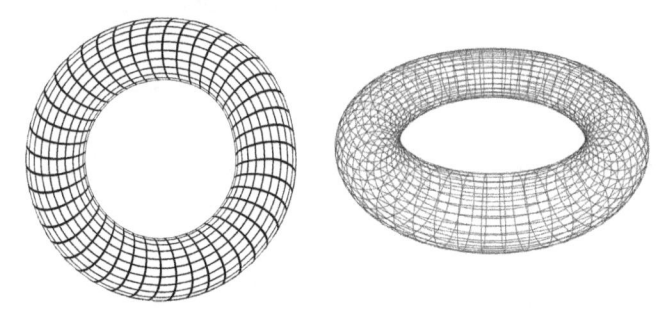

De maneira geral, para criar um toroide, acesse o menu Criar, selecione *Primitivos padrão Toroide* em qualquer *viewport* e arraste para definir a forma. Conforme você arrasta, o elemento emerge com seu centro no ponto de giro. Em seguida, basta soltar para definir o raio do anel do formato e mover para estabelecer o raio do círculo da seção transversal e, na sequência, clicar para criar o toroide.

4.8 Pyramid (pirâmide)

Para criar um desenho de objetos do tipo pirâmide com definição de base e altura no 3ds Max, acesse o comando *Pyramid* no painel respectivo ou, ainda, o menu *Create, Standard Primitives* na sequência e, por último, selecionar a opção *Pyramid*. A primitiva pirâmide tem uma base quadrada ou retangular e lados triangulares – para criá-la, acesse o painel *Criar > (Geometria) > Primitivas padrão > Implementação do tipo de objeto >* botão *Pirâmide*. Há a possibilidade de utilizar o menu *Padrão*: menu *Criar > Primitivas padrão > Pirâmide* ou, ainda, o menu *Alt*: menu *Objetos > Primitivas > Pirâmide*. Depois deve clicar e arrastar o *mouse* para definir a base, leve o *mouse* para cima ou para baixo para definir a altura e estabelecer as propriedades no quadro *Parameters*.

Apresentamos a seguir alguns termos técnicos relacionados à criação de pirâmides ou sua tradução simples:

- *Width* = definição da largura;
- *Depth* = definição da profundidade;
- *Height* = altura;
- *Width Segs* = número de segmentos na largura;
- *Depth Segs* = número de segmentos na profundidade;
- *Height Seg* = número de segmentos na altura.

Figura 4.10 – **Exemplo de figura geométrica de pirâmide**

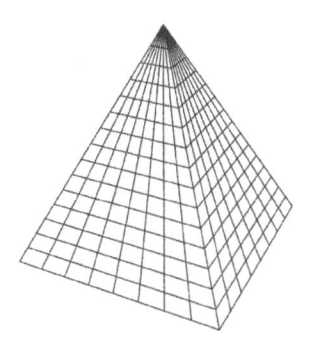

De maneira geral, para criar uma pirâmide, basta que você acesse o menu *Criar*, escolha *Primitivas padrão Pirâmide* e um método de criação – *Base/Vértice* ou *Centro*. É importante manter pressionada a tecla Ctrl enquanto estiver usando o método de criação para restringir a base a um quadrado. Em qualquer *viewport*, arraste para definir a base da pirâmide. Caso esteja utilizando a função denominada como *Base/Vértice*, é importante estabelecer os cantos contrários da base. Para isso, mova o *mouse* na posição horizontal ou na posição vertical para efetuar a definição tanto da largura quanto da profundidade da base. Caso esteja usando o *Centro*, você deve arrastar do centro da base, para isso, basta clicar e depois mover o *mouse* para definição da altura e, para finalizar, clique para executar a pirâmide (Pirâmide, 2018).

4.9 *Teapot* (chaleira/bule)

Para a criação de desenho de objetos do tipo chaleira com definição de raio no 3ds Max, basta que você utilize o comando *Teapot* no painel respectivo, que pode ser acessado no Menu *Create*, *Standard Primitives* na sequência e, por último, *Teapot*. A função do bule primitivo é criar um objeto caracterizado formado por tampa, bico, alça e corpo. Nesse caso, é possível definir a criação padrão do *teapot*, ou seja, todo o bule de uma só vez, ou utilizar outra combinação de peças. Justamente pelo fato de o bule ser um objeto paramétrico, ele permite que sejam escolhidas quais peças serão exibidas depois de seu desenvolvimento. Para aplicar esses passos, basta ir no painel *Criar > (Geometria) > Primitivos padrão > Implementação do tipo de objeto >* comando de objeto *Bule*; também é possível usar o seguinte caminho: primeiro acessar o menu *Padrão*: menu *Objetos > Primitivas padrão > Bule* ou, ainda, menu *Alt*: menu *Objetos > Primitivas > Bule*, depois clique e arraste o *mouse* para definição do raio e estabelecimento dos parâmetros no quadro *Parameters*.

Apresentamos a seguir alguns termos técnicos relacionados à criação de bules ou sua tradução simples:

- *Radius* = definição do raio;
- *Segments* = definição do número de segmentos;
- *Smooth* = suavização;
- *Teaport Parts* = indica as partes da chaleira que serão exibidas;
- *Body* = corpo da chaleira;

- *Handle* = alça;
- *Spout* = bico;
- *Lid* = tampa.

De maneira geral, para criar um bule, acesse o painel *Criar* ou o menu *Criar* e selecione *primitivos padrão Bule*; na sequência, na janela de exibição, arraste para definir o raio. Conforme o *mouse* é movido, um bule surge com a indicação de ponto de giro no centro de sua base. Na sequência, basta soltar o botão do *mouse* para a definição do raio e a finalização do bule. Para sair do modo de desenvolvimento do bule, você só precisa efetuar um clique com o botão direito do *mouse* na janela de exibição (Bule, 2017).

Caso queira criar apenas uma peça de bule, basta que você desative todas as peças nas configurações de parâmetros de grupo de peças *bule*, com exceção da que você deseja desenvolver. Para a criação de um bule completo, a peça que irá aparecer e o ponto de giro deve ficar no centro da base do bule, levando em consideração que o citado objeto apresenta quatro partes distintas: (1) o corpo; (2) a alça; (3) o bico; (4) a tampa. Os controles ficam dispostos no grupo de peças bule da configuração dos parâmetros. É possível desenvolver quaisquer combinações de peças para criar ao mesmo tempo (por exemplo, criar o corpo de maneira independente, que pode resultar em uma tigela pronta ou mesmo um recipiente com uma tampa opcional) (Bule, 2017).

Figura 4.11 – **Exemplo de chaleira**

Kaiskynet Studio/Shutterstock

Para converter uma peça em um bule, opte por uma peça bule em: "painel Modificar > Implementação de parâmetros, ative todas as peças – sendo que este é o padrão –, no qual o bule inteiro aparece. É possível aplicar modificadores para qualquer peça separada; se ativar mais tarde outra peça, o modificador também afeta a geometria adicional" (Bule, 2017).

4.10 *Plane* (plano)

Para executar um desenho de objetos planos, com definição de comprimento e profundidade, sem altura no 3ds Max, basta acessar o comando *Plane* no painel respectivo, bem como o menu *Create*, selecionar *Standard Primitives* na sequência e, por último, a opção *Plane*, ou executar os seguintes procedimentos: painel *Criar* > (*Geometria*) > *Primitivos padrão* > *Implementação de tipo de objeto* > botão *Plano*, ou, ainda, menu *Padrão*: menu *Criar* > *Primitivas padrão* > *Plano*, assim como por meio do menu *Alt*: menu *Objetos* > *Primitivas* > *Plano*.

Apresentamos a seguir alguns termos técnicos relacionados à criação de planos ou sua tradução simples:

- *Width Segs* = número de segmentos na largura;
- *Scale* = define quantas vezes o tamanho do plano vai aumentar ou reduzir durante o render;
- *Density* = determina quantas vezes o número de segmentos deve aumentar ou reduzir.

De maneira geral, para criar um plano, é preciso o menu *Criar* e optar por *Primitivos padrão plano*; na *viewport*, arraste para criar o Plano. O retângulo é criado por meio do desenho da primitiva do plano, procedimento que é feito pelo arraste do *mouse*, o que cria a distância entre cantos diagonalmente opostos e define, ao mesmo tempo, valores diferentes para o comprimento e a largura. Essa opção resulta em um plano quadrado com comprimento e largura iguais; você pode modificar as cotas na *Implementação de parâmetros*, posteriores à criação (Plano, 2019).

4.11 TextPlus

O TextPlus no 3ds Max possibilita a criação de um objeto de texto completo; nesse contexto, é viável inserir contorno de *spline* ou geometria sólida, com extrusão e chanfrada (TextPlus, 2017). A seguir, apresentamos as configurações para a criação de um TextPlus básico, que pode ser acessado no "painel Criar > Geometria > Primitivos padrão > Implementação Tipo de objeto > botão TextPlus" (TextPlus, 2017).

Esse comando também pode ser acessado no "menu Criar > Primitivos Padrão TextPlus > e com a inserção do texto no campo Texto da implementação – Parâmetros. Em qualquer *viewport*, defina um ponto de inserção ao clicar para inserir o texto ou ao arrastar o texto para a posição liberando o botão do *mouse* em seguida" (TextPlus, 2017).

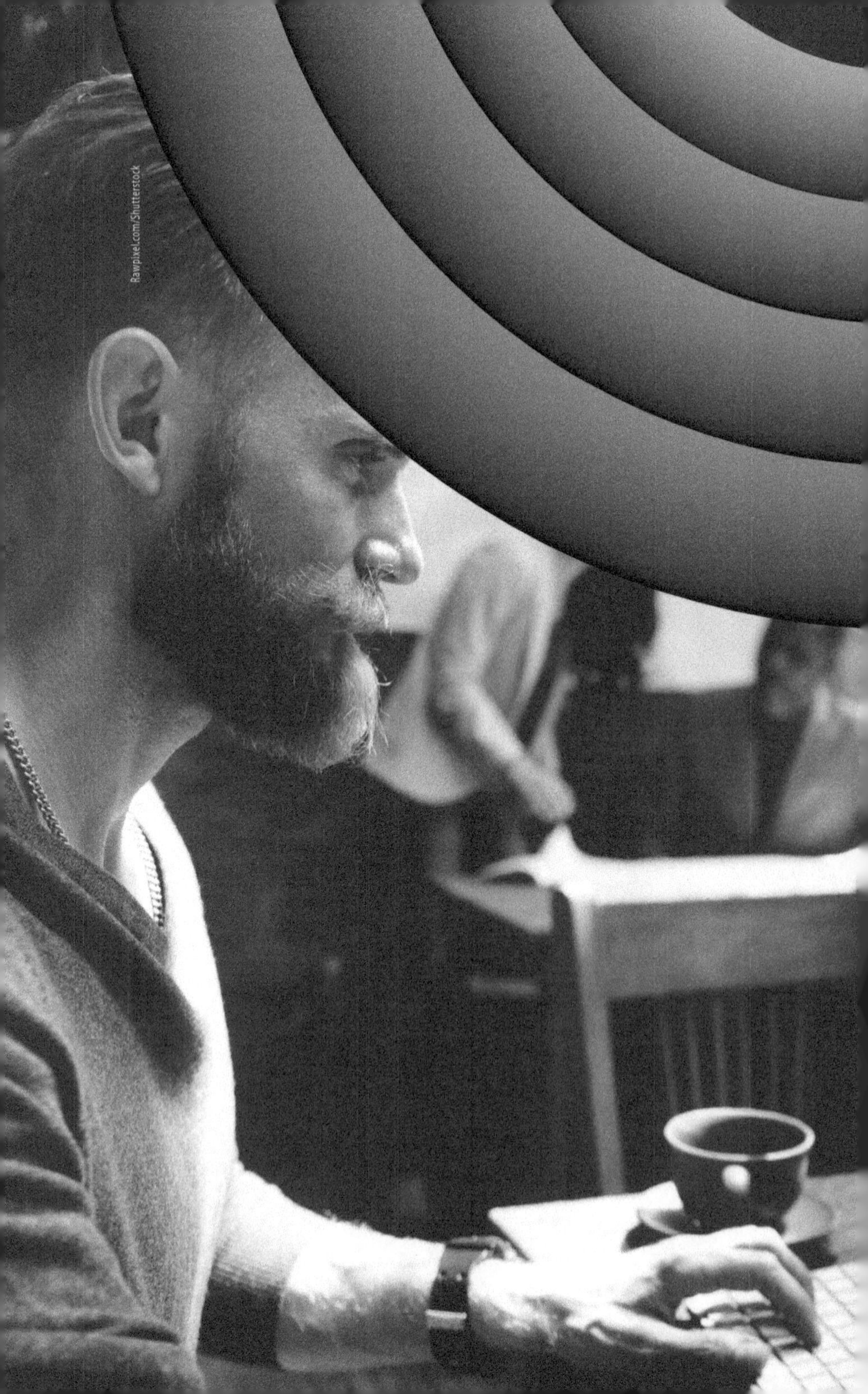
Rawpixel.com/Shutterstock

CAPÍTULO 5

ANIMAÇÃO 3DS MAX

Nas tendências do mercado da animação, é interessante notar o crescimento das produções em 3D. Embora seja atualmente comum na cadeia comercial, um fator deve ajudar a impulsionar o mercado: as TVs 3D. Com efeitos planejados e executados corretamente, há uma grande esperança de mudança; aliás, os efeitos especiais são o chamariz para os consumidores. A própria animação se aproveitará desse nicho e a explorará.

Os óculos *Rift*, que nada mais são do que um *display* de realidade virtual, são uma tendência que poderá fazer parte do cotidiano das pessoas e empresas. O grande diferencial desses itens é o giroscópio, que serve para girar a cabeça enquanto se acompanha a animação. Essa ferramenta propõe maior imersão em jogos virtuais em ambiente 3D. Dessa maneira, existe grande possibilidade de ser um marco de mudança no universo dos *games*, em especial com relação às interações com os jogadores.

Outra mudança é a familiarização com o *motion comics* – uma combinação de história em quadrinhos com animação. Os quadros desenhados recebem leves animações com a adição de efeitos sonoros e dublagem. Com os quadros curtos, a tendência é que serão transmitidos diretamente para um *smartphone*, possibilitando novos negócios.

Para complementar esse rápido panorama das tendências atuais e do futuro das animações 3D, a citação a seguir discorre sobre o assunto e elenca as principais mudanças nesse cenário (Introdução..., 2023, grifo do original):

> A **mistura de estilos e técnicas** é hoje uma realidade: animação em estilo *Anime*, feita na França ou na Rússia são filmes totalmente produzidos em 3D, mas que simulam *claymation* ou *stop motion*, animação 2D com fundos em 3D etc. Essa mistura de influências e técnicas assenta sobretudo em dois fenômenos: natureza global da animação (animação é produzida em qualquer região do globo e é vista em todo o mundo) e crescente sofisticação dos meios de produção.
>
> Se as tecnologias 3D têm vindo para melhorar o seu desempenho na criação de maior fotorealismo, também é verdade que **tem crescido o interesse pelas técnicas de NPR (Non-Photorealistic Rendering)**. A sua utilização permite fugir ao fotorealismo e criar animações visualmente mais próximas das produzidas com técnicas mais tradicionais. Essa tendência também se traduz numa crescente integração de técnicas e estilos 3D e 2D.
>
> A produção de **animação para adultos**, **documentários em animação** e a produção de **animação para ser distribuída através da internet (*web* series)** são realidades atuais que têm potencial para se tornarem ainda mais importantes no futuro.

Diante desse promissor panorama traçado, você pode perceber a pertinência da animação 3D na atualidade. Com esse ponto esclarecido, passemos às especificidades desse trabalho.

5.1 Animação 3D

A animação 3D utiliza mecanismos do mundo virtual para gerar imagens, de modo a construir personagens e objetos capazes de mover e interagir com o ambiente externo, que são os telespectadores. Segundo Guia e Antunes (2022, p. 2), "a geração de uma animação necessita de três passos decisivos: modelação, animação e renderização". Nesse sentido, a animação 3D, para ser desenvolvida, necessariamente demanda recursos computacionais e *softwares*; por outro lado, não precisa utilizar imagens gravadas como nos tipos de animação anteriormente elencadas no Capítulo 3:

> Animação 3D é o tipo de animação que utiliza imagens geradas por computador para criar sequências animadas. As animações 3D (Tridimensionais) mais simples podem ser executadas por apenas um designer e já ter resultados satisfatórios, mas para produções cinematográficas é exigido equipes de dezenas e até centenas de artistas. A animação 3D está presente em filmes e séries de animação, videojogos e produção multimídia. Os *softwares* (programas) utilizados mais conhecidos são o Maya, 3D Studio Max e Blender. (Animação 3D..., 2018)

Os principais programas de animação 3D são os seguintes:

- Maya;
- Lightwave;

que tenham teclas de transformação no momento. As opções de controle de tempo permitem criar a animação por meio da alteração a cena no decorrer do processo (Exibição..., 2022). Assim, é possível ter excelente controle desse fator, incluindo os seguintes detalhes (Controle..., 2021):

- como o tempo é medido e exibido;
- o comprimento do segmento de tempo ativo (a parte da animação em que se está trabalhando no momento);
- quanto tempo é usado por cada quadro da animação renderizada.

É importante enfatizar que o *software* disponibiliza uma linha do tempo com controlador, no qual o animador pode clicar e acessar o *frame* selecionado. Abaixo do sistema, encontram-se os botões que permitem controlar a animação. A ferramenta citadas permite "a seleção de uma taxa de quadro e velocidade de reprodução de uma animação, que é expressa em quadros por segundo (FPS)" (Selecionar..., 2020). Nesse contexto, o "3ds Max exibe e renderiza cada segundo de tempo real. Como o sistema armazena as chaves de animação usando o tempo real com uma precisão interna de 1/4.800 de um segundo, é possível alterar a taxa de quadro para sua animação a qualquer momento, sem afetar o tempo da animação" (Selecionar..., 2020).

5.1.1 Controles de animação

No canto inferior direito, na barra de ferramentas, encontram-se os botões de controles de chaves, conforme a Figura 5.1 e o Quadro 5.1, a seguir.

Figura 5.1 – **Controles de chaves do 3ds Max**

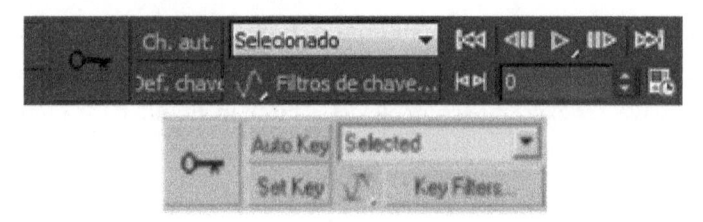

Fonte: Controles..., 2018.

Para que você possa compreender melhor as funcionalidades de cada botão apresentado na segunda barra de ferramentas da Figura 5.1, o quadro a seguir traz detalhadas a imagem dos símbolos e as respectivas funções.

Quadro 5.1 – **Controles de animação**

Imagem do símbolo	Função
Ch. aut. / Def. chave	Modo de animação Chave automática e Modo de animação Definir chave
Selecionado	Lista de seleção
	Tangentes de entrada/saída padrão para novas chaves
Filtros de chave...	Filtros de chave
	Ir para o início
	Quadro/chave anterior
	Reproduzir/Parar
	Próximo quadro/chave

(continua)

- 3ds Max;
- Blender;
- SketchUp.

O *software* 3ds Max conta com uma diversidade de recursos. Segundo Oliveira (2008, p. 260), "a animação no 3ds Max é um dos recursos mais amplos a serem estudados, pois apresenta inúmeros recursos e técnicas". Essa ferramenta permite a criação de animações computadorizadas em 3D para uma variedade de aplicativos e suportes – animação de personagens, objetos, veículos para jogos digitais, efeitos especiais para filmes e televisão.

É possível usar a animação em todo o 3ds Max. É possível animar a posição, rotação e escala de um objeto e praticamente qualquer configuração de parâmetro que afeta a forma e a superfície de um objeto. É possível vincular objetos para animação hierárquica, usando cinemática direta e inversa, e é possível editar sua animação na Vista de trajetória. (Conceitos…, 2018b)

Importante

O 3ds Max facilita a materialização dos principais conceitos e métodos de animação. Para isso, é importante que a animação seja baseada em um princípio de visão humana denominado *persistência de visão*. Se visualizarmos uma série de imagens estáticas relacionadas em rápida sucessão, nós as percebemos como movimento contínuo. Cada imagem individual é chamada de *quadro*, e a ilusão de movimento tem origem no fato de que nosso sistema visual mantém cada quadro por um curto tempo depois que nós o vemos.

A animação pode ser auxiliada pelo modo de tecla automática no 3ds Max da seguinte maneira (Usando..., 2017):

1. ative a chave automática, utilizando o controle deslizante de tempo para ir para determinado quadro;
2. em seguida, modifique algum elemento da cena – nesse contexto, anime a posição, a rotação e a escala de um objeto, entre outras configurações e parâmetros.

Esse *software* apresenta recursos que facilitam o *Set Key* (método de animação), amplamente utilizado por animadores de personagens que precisam propor possibilidades de poses e aplicá-las em quadros-chave, que, por sua vez, são importantes para a definição de chaves em trilhos específicos de objetos (Usar..., 2018).

O 3ds Max também conta com setas de controle giratório, componentes das opções da animação. Como o nome desses itens demonstra, são utilizadas para controle giratório de animação de um parâmetro; nesse caso, algumas opções de contexto ajudam a gerenciar a animação (Menu..., 2020). Para acessar o menu giratório, basta clicar com o botão direito do *mouse* no campo editável de um parâmetro animável. "Esse menu fornece opções para cortar, copiar e colar valores, arames e trajetórias de animação entre vários parâmetros de objeto. Ele também permite mostrar o parâmetro na opção Vista de trilha ou na caixa de diálogo Conexão do parâmetro" (Menu..., 2020).

As *viewports* oferecem a possibilidade de exibição e cópia das teclas de transformação, dotadas de suportes (que consta em *viewports* apenas quando o método de sombreamento de estrutura de arame no 3ds Max está ativo) na cor branca ao redor de objetos

(Quadro 5.1 – conclusão)

Imagem do símbolo	Função
▶▶|	Ir para o fim
0	Quadro atual (Ir para quadro)
Controles de tempo	
◀▶	Modo de chave
⏱	Configuração de tempo

Fonte: Elaborado com base em Controles..., 2018.

É importante entender a funcionalidade de cada um desses itens, justamente pela importância no processo de animação. Para isso, recomendamos que você crie uma animação simples e execute testes.

5.1.2 Controle de tempo

O tempo é muito importante para a animação, segundo Oliveira (2008, p. 260), "sempre que um projeto de animação for iniciado, o primeiro procedimento é definir o número de *frames* (quadros) necessários para gerar a animação". O 3ds Max dispõe de várias ferramentas que otimizam o trabalho com controle de tempo, como a caixa de diálogo denomina *Configuração de tempo*:

> A caixa de diálogo Configuração de tempo fornece configurações para taxa de quadros, hora de exibição, reprodução e animação. Use essa caixa de diálogo para alterar o comprimento, esticar ou redimensionar a animação. Também é possível usá-la para definir os quadros inicial e final do segmento de tempo ativo e sua animação. (Configuração..., 2018)

Toda animação precisa ter em seu projeto os controles de chaves e de tempo, pois, sem eles, não há movimento e, se não há movimento, ele é estático. Assim como outros *software*s que geram produtos digitais com movimento, o 3ds Max fornece um vasto campo de controladores de animação. Antes de apresentarmos um exemplo de sequência, de configuração para um projeto de animação, primeiramente devemos classificar o tipo de controle de tempo em função da mídia em que será usada a animação.

> **Importante**
>
> De acordo com Lor (2017, p. 41):
>
> Esse número de frames define o tempo em segundos de uma animação. O 3dsMax vem configurado para fazer a animação usando 30 FPS (30 quadros por segundo).
>
> Sendo: 1 frame → 1 render, temos 30 frames → 30 renderizações.
>
> Para uma animação com 15 segundos de apresentação são necessários, então, 450 frames, pois: 1 segundo → 30 frames, 15 segundos → 450 frames.
>
> Com esse cálculo você pode fazer a previsão do tempo necessário para renderizar sua animação.
>
> Vejamos o seguinte exemplo de Lor (2017, p. 41) sobre o que tratamos até este ponto do texto:
>
> Suponha que 1 render = 2 minutos; logo, 450 renders (frames) = 900 minutos (15hrs). Após definir quantos frames precisa para a animação, defina-os na Time Configuration. Em Frame Rate é possível indicar o número de frames a ser usado por segundo. Vamos usar o padrão NTSC com 30 FPS. No campo Length determina-se o tempo da animação, ou seja, o número de frames. Clique em Ok para finalizar. A linha de tempo mostra de "0" ao número de frames definidos no comprimento.

Importante

Ressaltamos que diferentes formatos de animação têm distintas taxas de quadros, ou seja, para criar um segundo de animação utilizando a taxa NTSC, são 30 quadros; utilizando a taxa denominada *PAL*, são 25 quadros e, na categoria FILM, geralmente são utilizados 24 quadros, conforme exemplificado na Figura 5.2, a seguir.

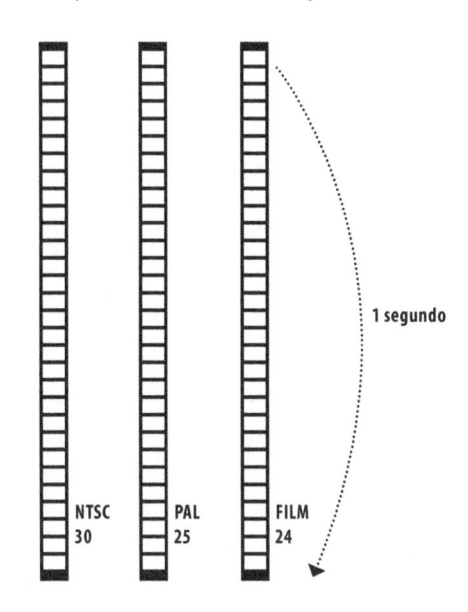

Figura 5.2 – **Exemplo de diferentes taxas de quadros**

NTSC 30   PAL 25   FILM 24   1 segundo

Fonte: Conceitos..., 2017.

Também é importante apresentarmos algumas características do controle das chaves na linha de tempo, responsável pelo direcionamento do movimento, divididas por cor:

- **Vermelha**: chave de movimento.
- **Azul**: chave de escala.
- **Verde**: chave de rotação.
- **Cinza**: chave de material.

Pela identificação das chaves, é possível ver o início e o fim de cada etapa da animação – a chave vermelha controla o começo e o fim da etapa de movimento; a verde controla a rotação – o objeto começa a girar com o movimento, ou seja, inicia-se no *frame* zero. Ao clicar no botão *Open Mini Curve Editor*, é "possível controlar as posições inicial e final de cada chave da animação. As linhas e os pontos são apresentados de acordo com as cores de cada chave, o que facilita o processo de seleção" (Lor, 2017, p. 43). Depois de finalizar a edição de posições, clique no botão *Close* para fechar.

O botão *Time Configuration* no 3ds Max é de suma importância para uma animação, pois atua na linha do tempo e nos *frames* por segundo (FPS). O NTSC (29,97 FPS) e o PAL (25) são os sistemas de vídeos operados na América Latina e nos Estados Unidos e Europa, respectivamente (Sinal..., 2021). Desse modo, precisam de atenção no momento da configuração – para não haver dúvidas, o recomendado é utilizar o *Custom* (customizado), pois assim o animador terá controle do objeto.

No *Animation*, é possível configurar o tempo que a animação começará (*Start Time*) finalizará (*End Time*). Os valores alterados no *End Time* aparecem na barra de ferramentas relativa aos *frames* colocados em cena. O valor padrão é de 100, mas, caso seja pertinente, pode-se aumentá-lo ou diminuí-lo, sem perda do resultado. O 3ds Max dispõe de vários tipos de controladores organizados nas seguintes categorias:

Quadro 5.2 – **Controladores do *software* 3ds Max (I)**

Controladores flutuantes	Para animar valores de ponto flutuante.
Controladores Point3	Para animar valores de componente de árvore, como cores ou pontos 3D.
Controladores de posição	Para animar as posições dos objetos e conjuntos de seleção.
Controladores de rotação	Para animar a rotação de objetos e conjuntos de seleção.
Controladores de escala	Para animar a escala de objetos e conjuntos de seleção.
Controladores de transformação	Para animar transformações em geral (posição, rotação e escala) de objetos e conjuntos de seleção.

Fonte: Elaborado com base em Controladores..., 2019a.

O controlador de áudio converte a amplitude de um arquivo de som gravado ou onda de som em tempo real em valores que podem criar um objeto ou um parâmetro. Além disso, controla a animação de praticamente qualquer parâmetro no 3ds Max (Controladores..., 2019a).

O controlador de transformação baricêntrica, também conhecido como *controlador de Morph baricêntrica*, "é aplicado automaticamente quando se cria um objeto composto de transformação. É possível selecionar os alvos de *morph* e criar chaves em diferentes momentos para alterar a forma original do objeto para os alvos de *morph*" (Controlador..., 2023).

Os controladores de *bezier* são versáteis – interpolam entre chaves usando uma curva de *spline* ajustável.

O controlador de blocos, por sua vez, é aplicado no gerenciamento da lista global, que possibilita o arranjo de trilhas de muitos objetos em determinado intervalo de tempo, bem como seu agrupamento. Esses conjuntos são fundamentais na criação de animações em qualquer ponto no tempo. Eles podem ser "adicionados, removidos, dimensionados, movidos graficamente na vista de trilha e salvos e representar animações absolutas ou relativas" (Controladores..., 2019a). Além desses controladores, existem outros, conforme apresentados a seguir:

Quadro 5.3 – **Controladores do *software* 3ds Max (II)**

Controlador booleano	O valor booleano controlador é similar ao Ativar/desativar controlador. Por padrão, sua atribuição é de rastreamento, que indica somente elementos ativados e desativados no controle.
Controlador de cor RGB (Point3 XYZ controlador)	A cor RGB divide o controlador de R, G e B componentes em três diferentes rastreias. Você pode usar esse controlador com rastreio de cor. Por padrão, a cada rastreamento é atribuído um *bezier* flutuante controlador. O controlador de laminado *bezier* é um único parâmetro controlador.
Controlador Rotação de Euler XYZ	É um controlador composto que combina controles de fluxo de valor único, separados para especificar um ângulo de rotação sobre cada um dos eixos X, Y e Z. O Euler XYZ não é tão suave quanto a rotação de *quatérnion* (utilizado pelo controlador Rotação de TCB), mas é o único tipo de rotação que você pode usar para editar as curvas de função de rotação.
Controlador de expressão	Permite usar expressões matemáticas para controlar esses aspectos – parâmetros de animação de um objeto como comprimento, largura e altura –, bem como modificar valores tais como as coordenadas da posição de um objeto.
Controlador de limite	Permite especificar limites inferiores e superiores aos valores de controlador disponíveis, restringindo o potencial intervalo de valores da trilha controlada. Por exemplo, em um *rig* de personagem, você poderia esse elemento para restringir a rotação em juntas de dedos de modo a tornar as extremidades dobráveis para trás. Basicamente, quando uma trilha for limitada e o limite estiver ativo, você não poderá definir um valor para a trilha além do limite.

Fonte: Elaborado com base em Controladores..., 2019a; Controlador..., 2023.

O 3ds Max conta com vários tipos de controladores. Entre eles, podemos citar o **controlador linear**, responsável pela alternância de chaves de animação, realizada pela divisão uniforme da "mudança entre o valor de uma chave para a outra na quantidade de tempo entre as chaves" (Controlador..., 2023).

O controlador da lista, por sua vez

> combina vários controladores em um único efeito. É um controlador de composto com ferramentas para gerenciar como os seus controladores de componente são calculados e avaliá-los em ordem descendente. Além disso, é possível especificar uma configuração de peso para cada controlador da lista para determinar sua influência relativa. (Controlador..., 2021b)

Embora se encontre indisponível, o controlador de rotação XYZ de Euler local ainda inspira a edição de objetos tal como em versões anteriores (Controlador..., 2017b).

De acordo com Autodesk 3ds Max, o controlador *Examinar* atua na transformação realizada na criação dos objetos que contêm alvos, "incluindo câmera alvo, luzes com alvo (IES Sol/Céu) e a Fita" (Controlador..., 2021c). Para a atribuição desse controle a um objeto, que não pode ser feita pelo usuário, é necessário utilizar a restrição LookAt (Controlador..., 2021c).

O controlador que recebe o nome de *Ponto mestre* tem como atribuição o gerenciamento de "subobjetos de ponto em *splines* editáveis, superfícies editáveis e modificadores de FFD (deformação de forma livre)" (Controladores..., 2019a).

Além dos controladores, o 3ds Max conta com recursos de restrição que atuam de modo semelhante ao dos controladores, como a restrição *MCG LookAt*, que administra a orientação de um objeto para que um de seus eixos apontem para outro objeto ou para a média ponderada de outros objetos. Caso queira um conjunto de controles diferente, utilize restrição *LookAt*, esse recurso é o mais recomendável, "incluindo uma opção de cartaz que restringe a rotação para um eixo único universal" (Controladores..., 2019a).

Quanto ao recurso denominado *Raio MCG*, podemos elencar as seguintes considerações:

- Raio MCG para restrição de posição de superfície
- O Raio MCG para restrição de posição de superfície define a posição do objeto para um local na superfície de uma ou mais malhas, conforme determinado pelos raios projetados que fazem intersecção com outro objeto. Se desejar, você pode aplicar um deslocamento na superfície.
- MCG ray para restrições de posição e orientação da superfície
- O comando MCG ray para restrições de posição e orientação da superfície aplica duas restrições para definir a posição e a orientação de um objeto com base na interseção de um raio projetado a partir de outro objeto em uma ou várias malhas. Ao contrário do comando MCG ray para restrição de transformação da superfície, ele não afeta a escala.
- Raio MCG para restrição de transformação de superfície
- A opção Raio MCG para restrição de transformação de superfície restringe a posição e a orientação de um objeto com base na intersecção de um raio projetado de outro objeto em uma ou várias malhas. A escala do objeto é redefinida.
- Controlador da mola de rotação MCG 1 DOF
- O controlador da mola de rotação MCG 1 DOF é uma restrição física e rígido que permite a um objeto girar em torno de um objeto "pai" em um de seus eixos locais somente (um grau de liberdade ou DOF), ou dentro de um intervalo limitado, como um pêndulo. O objeto ainda pode estar fora destes limites, mas, se estiver, uma força da mola giratória será aplicada para empurrar o objeto novamente para dentro dos limites.
- Controlador da mola de rotação do grau de liberdade (DOF) 3 do MCG

- O controlador da mola de rotação do grau de liberdade (DOF) 3 do MCG é uma restrição física rígida que permite que um objeto gire em torno de um objeto "pai" em todos os três eixos dentro de faixas limitadas. O objeto ainda pode estar fora desses limites, mas, se estiver, a força da mola de rotação será aplicada para empurrar o objeto de volta para dentro dos limites. (Controladores..., 2019a)

O 3ds Max tem outros cinco controladores que também merecem destaque, como Controlador de captura de movimento, de ruído, a opção de Ativar/Desativar Controlador, Controlador de posição XYZ e o de posição/rotação/escala, que serão detalhados a seguir:

Quadro 5.4 – **Controles do *software* 3ds Max (III)**

Controlador de captura de movimento	Usa um dispositivo externo com o controlador de captura de movimentação. Destinado ao controle da posição de um objeto, rotação ou outras configurações.
Controlador de ruído	Cria animação aleatória, com base fracionária em relação a um intervalo de quadros. Os controladores de ruído são paramétricos: atuam em um intervalo de quadros, sem usar chaves.
Ativar/Desativar controlador	Tem função de fornecer um controle de trilha de binário. É similar ao controlador booleano. Permite a aplicação da opção Ativar/Desativar controlador à trilha de visibilidade de um objeto.
Controlador de posição XYZ	Tem a função de dividir os componentes X, Y e Z em três trilhas distintas, semelhante ao controlador de Rotação Euler XYZ. Confere controle desagregado das três trilhas no momento referenciado por meio de controladores de expressão.
Controlador de posição/rotação/escala	É o controlador de Transformação padrão de grande parte dos objetos. Seu uso é recomendado em todas as transformações de uso generalizado.

Fonte: Controladores..., 2019a.

O 3ds Max conta com controladores de reação, utilizadas para criar parâmetros que apontam alterações em quaisquer outros parâmetros da ferramenta. Normalmente, a caixa de diálogo *Gerenciador de reação* dá conta da utilização desses controladores. Para realizar esse processo, você pode utilizar a caixa de diálogo – com essa escolha, você pode determinar um "mestre" (objeto concebido para atuar sobre outros objetos, que podem ser denominados "escravos"). Como alternativa, é possível atribuir um controlador de reação diretamente a um objeto escravo usando a Vista de trilha ou o painel *Movimento* (como qualquer outro controlador) e, em seguida, usar o *Gerenciador de reação* para especificar seu mestre e outros parâmetros (Controladores…, 2019b).

No que se refere ao controlador de escala XYZ, que dispõe de controladores de flutuação independentes para cada eixo de escala da transformação de um objeto, temos as seguintes especificidades:

> Com três trilhas diferentes para a escala, é possível criar escalas-chave para cada eixo independentemente, alterar as configurações de interpolação para um único eixo ou atribuir um controlador em um eixo. Por exemplo, após aplicar um controlador de escala XYZ, é possível aplicar um controlador de ruído ou forma de onda para um eixo para animar aquele eixo de forma independente (Controlador…, 2017a).

Com atribuições semelhantes às dos controladores de expressão, os controladores de *script* dispõem de uma caixa de diálogo Controlador de *script*, que permite a inserção de um *script* para cálculo do valor do controlador (Controlador…, 2019).

O controlador denominado *Suavizar rotação*, por sua vez, pode ser aplicado a casos em que o animador desejar dar à rotação de um objeto uma aparência suave e natural. Esse recurso adiciona efeitos de dinâmica secundária à posição de objetos ou pontos. A utilização dessa ferramenta possibilita uma dinâmica secundária de massa/mola similar ao *Modificador de flexão*, conferindo realismo a animações estáticas (Controlador..., 2021a).

Controladores de TCB permitem que o *designer* produza animações baseadas em curva, semelhantes às elaboradas com controladores de *bezier*. Nesse caso, é importante não utilizar "TCB controladores tangentes tipos ou ajustável controladores tangentes. Eles utilizam campos para ajustar as configurações de tensão, continuidade e desvio" (Controladores..., 2023).

O controlador em forma de onda, que também recebe a denominação *controlador Waveform*, é um "controlador flutuante que fornece formas de onda periodicamente e regularmente. Criado originalmente para controlar luzes piscantes, é possível utilizá-lo em qualquer valor flutuante" (Controlador..., 2017c).

Por fim, o controlador que recebe o nome de *xref:controlador* permite a elaboração da referência externa de controladores de transformação de qualquer categoria a partir de outro arquivo de cena. Esse recurso funciona da mesma maneira que dos objetos Xref e material XRefl. Ele melhora a dinâmica do processo de produção, pois possibilita o acesso de dados de animação no momento em outra cena, enquanto a outra pessoa é atualizada (Xref:controlador, 2021).

5.1.3 **Animação de objeto**

Existem dois modos de animação de objetos no 3ds Max: o primeiro por meio do *Auto Key* (Chave Automática), e o segundo, pelo *Set Key* (Definir Chave). Ao se optar pelo primeiro modo, a barra de rolagem inferior da tela ficará vermelha, o que comprova que o programa vai realizar a animação. Nesse caso, o objeto deverá ser colocado na posição "0", assim definida pelo animador, ou seja, de onde ele deseja que o movimento deve partir. Após definido o ponto de partida, é necessário escolher outro ponto para que objeto se mova. O quadro a ser escolhido depende da velocidade em que o movimento ocorrerá – quanto menor o número de quadros, menor será o tempo de deslocamento. Nesse processo, o sistema 3ds Max funciona de modo similar ao de outros programas, como o Flash, com os quadros-chave que orientam o tempo de deslocamento e a direção do objeto.

Se o objeto for posicionado em 30 quadros, que corresponde a aproximadamente 1 segundo de uma animação, os controles de tempo se tornarão ativos. Pode-se acionar o botão para uma melhor visualização do resultado, bem como optar por voltar quadro por quadro e pausar o objeto a ser animado. O 3ds Max grava qualquer movimento, independentemente da direção a ser tomada. Os quadros criados nos *frames* de animação podem ser alterados ao serem clicados e arrastados na barra do controlador de animação. A diferença do recurso *Auto Key* para o *Set Key* é basicamente a seleção do quadro-chave: no primeiro caso, a criação do quadro-chave é automática; já no segundo é necessário, além de selecionar o botão, posicionar o objeto, escolher o *frame* de posição e depois selecionar o modo chave (ícone de uma chave, ao lado *Auto Key* e *Set Key*).

Exemplificando

Para que você possa compreender a animação dos objetos construídos no 3ds MAX, apresentaremos a seguir um exemplo de animação de um movimento, levando em consideração a rotação, a escala e a modificação de objetos no próprio *software*, tendo como base um estudo de Oliveira (2017) e de Lor (2017). Os comandos iniciam-se no ponto 0, com o comando *Move*, e finaliza com comando *Rotate*. Por exemplo, para animar uma bola, primeiramente é necessário mover o objeto, girá-lo, movê-lo em uma nova direção e, por último, fazê-lo subir e descer. Como é necessário aplicar cada operação por vez, essa técnica é chamada *stop motion*. Outro exemplo bem interessante é fazer com que um objeto ande em uma direção e então mude para outra. Acompanhe as seguintes etapas desse processo (Oliveira, 2017, p. 24):

- mover na direção 1;
- girar o objeto em nova direção;
- mover o objeto em nova direção.
- Ao final dessas três etapas, o 3ds MAX gera uma interpolação do movimento, criando a animação. Para cada etapa é necessário estabelecer o tempo que o programa terá para executar o movimento, ou seja, se para fazer a animação completa você tem 100 *frames*, precisa definir quantos serão usados em cada etapa.

Veja um exemplo de etapas que devem ser seguidas da divisão do tempo, considerando o tempo em 100 *frames* (Oliveira, 2017, p. 24-25):

- Mover na direção 1. Esse movimento deve ocorrer do **frame** 0 ao 40;
- Girar o objeto em nova direção. Esse giro deve ocorrer do **frame** 40 ao 50;
- Mover o objeto em nova direção. Esse movimento deve ocorrer do **frame** 50 ao 100.

Depois de executar essas primeiras etapas da animação, é necessário executar o movimento do *Teapot*, primeiro, na visualização de topo, deve-se desenhar um Teapot e colocar o indicador da linha de tempo na posição 40, por exemplo. Depois, deve-se ligar o botão *Auto Key*, momento em que o contorno da *viewport* fica vermelho. Em seguida, deve-se executar o movimento do objeto no eixo X, após é necessário desligar o botão *Auto Key* e, posteriormente, posicionar a linha de tempo em 50 (Lor, 2017).

Depois de executados esses procedimentos, é necessário ligar o botão *Auto Key* novamente e girar o objeto; finalizada essa etapa, deve-se desligar o botão *Auto Key*. Agora é necessário posicionar a linha de tempo em 100, ligar o botão *Auto Key* e mover o objeto no eixo Y. Depois, desligar o botão Auto Key. Ao clicar no botão *Play*, na barra de controle de apresentação, o objeto movimenta-se na tela (Lor, 2017). Por último, pode-se salvar o desenho com o nome "Animação-01.Max", por exemplo.

Ainda de acordo com Lor (2017, p. 42), quando

> o botão Auto Key está ativo, o 3ds MAX salva a edição aplicada ao objeto. Sempre que esse botão é acionado, o programa salva uma única operação por comando. Por exemplo, se você ligar o Auto Key e mover o objeto em várias posições diferentes na tela, o sistema faz o movimento mais curto entre o ponto de partida e o de chegada.

Com um único acionamento do comando *Auto Key* para a realização de todos esses movimentos, o 3ds Max anima somente entre os pontos A e D, ou seja, os pontos B e C deixam de ser priorizados. Para evitar esse resultado, é necessário acionar o *Auto Key* três vezes com a linha de tempo em posição diferente a cada vez, como apresentado a seguir (Oliveira, 2017, p. 24):

> Mover da posição A para a B:
> 1. Posicione a linha de tempo em 35;
> 2. Ligue o Auto Key e faça o movimento de A para B;
> 3. Desligue o Auto Key. Mover da posição B para a C;
> 4. Posicione a linha de tempo em 70;
> 5. Ligue o Auto Key e faça o movimento de B para C;
> 6. Desligue o Auto Key. Mover da posição C para a D;
> 7. Posicione a linha de tempo em 100;
> 8. Ligue o Auto Key e faça o movimento de C para D;
> 9. Desligue o Auto Key.

Para animar objetos por parâmetros, assim como a animação por modificadores básicos (*Move*, *Rotate* e *Scale*), a animação por parâmetros permite mudar o tamanho de objetos durante a animação, alterar lentes de câmeras, intensidade de luzes, aplicar deformadores paramétricos e editar materiais. Para isso é necessário seguir os seguintes procedimentos, como o do exemplo a seguir (Lor, 2017, p. 42):

> Crie um cilindro com raio 30 e altura 100.
> Defina a linha de tempo na posição 25. Ligue o botão Auto Key e no painel Modify mude a altura do cilindro para 150. Desligue o Auto Key.
> Aplique o modificador Bend: posicione a linha de tempo em 50. Ligue o Auto Key e mude o ângulo de Bend para 65. Desligue o Auto Key.
> Siga o mesmo procedimento para aplicar outros modificadores.

É importante salientar que as especificações são apenas um exemplo; não é necessário utilizar esses parâmetros em toda a animação. Não se esqueça de sempre salvar seus arquivos – como sugestão para o procedimento apresentado anteriomente pode ser salvo como "Animação-02.Max".

5.1.4 Renderização

Depois de a animação ser concluída, é importante renderizar o arquivo final. No caso do 3ds Max, a renderização – que também pode ser entendida como ato de compilar imagens para gerar um vídeo ou, como no caso desta obra, a animação – transforma o projeto em um arquivo de vídeo compatível com diversos computadores. Para entender todo esse processo, veja a sequência de como realizar esse procedimento no *software* 3ds Max. Primeiro, no menu *Rendering*, escolha a opção denominada *Render*; no quadro *Render*, em *Time Output*, defina como os *frames* devem ser renderizados, tendo como base as seguintes opções (Lor, 2017, p. 44):

Single: renderiza apenas o *frame* que estiver ativo;
Active Time Segment: renderiza o tempo que foi configurado;
Range: indica qual faixa de tempo deve ser renderizada;
Frames: define quais *frames* devem ser renderizados.

Depois de especificar como os *frames* devem ser renderizados, determine, na opção *Output Size*, o tamanho da imagem da animação. É importante frisar que, quanto maior for essa dimensão, mais lenta é a renderização (Lor, 2017). Em caráter de teste, vamos imaginar o valor de 640 × 480: "No quadro Render Output, defina o local e o tipo de arquivo que será gerado, depois basta clicar no botão 'Files...'" (Lor, 2017, p. 44). Para escolher local, nome e tipo de arquivo, realize os seguintes procedimentos (Lor, 2017):

- defina o nome do arquivo e escolha, por exemplo, o tipo AVI;
- ao clicar em Salvar, é exibido o quadro AVI File Compression Setup para escolher o compactador de vídeo a ser usado;
- escolha o Codec, que pode ser, por exemplo, Cinepak da Radius, e clique em OK;
- pressione o botão Render para iniciar a renderização.

Importante

É necessário enfatizar que o 3ds Max realiza a renderização de um *frame* por vez. Observe que a linha de render desce e passa para o próximo quadro; durante o processo, o quadro *Rendering* mostra os quadros concluídos e o tempo restante para a conclusão do trabalho (Lor, 2017). Finalizada a renderização, basta acessar a pasta em que foi salvo o arquivo e abri-lo – a animação aparece no programa de vídeo instalado no computador. Usando o 3ds Max, você pode visualizar a animação pelo menu *File* e, em seguida, pela opção *View Image File*. Para exportar o modelo 3D para outros aplicativos ou para versões mais antigas do 3ds Max, siga os seguintes procedimentos:

- menu *File*;
- *Export*;
- *Select File to Export*;
- em *Salvar como tipo*, escolha o tipo de arquivo que será gerado, o qual depende do programa a ser usado.

O quadro *Export Scene to .3DS File* é usado para escolher se devem ser mantidas as coordenadas de texturas, caso a exportação for para outra versão do Max ou para usar em outro programa que utiliza *render*, é preciso deixar essa opção ativa.

5.2 Critérios para utilização do *software* Maya

Para o animador, utilize o *software* Maya de maneira adequada, ele deve ter um conhecimento mínimo dos diversos tipos de animação. Na animação para filmes e séries animadas, por exemplo, o profissional deve estar ciente de que, nesse contexto, movimentos das personagens são todos determinados, ao contrário do que acontece nas animações para os jogos. De acordo com Càmara (2005, p. 60), "O verdadeiro ator de um filme de animação é o próprio animador, sendo certo que este trabalho é feito por meio de uma personagem a quem dá vida com a sua técnica e com o seu lápis. A personagem será quem conduz o público ao longo da história". Em outras palavras, comparado a um ator, que tem limitações físicas quanto às expressões que seu rosto é capaz de fazer, o animador pode criar qualquer tipo físico e qualquer rosto com seus traços. Para isso, contudo, é preciso que o profissional animador esteja munido de competências necessárias ao ator, reconhecendo a maneira como as pessoas se expressam e tentando reproduzir esses gestuais com traços.

É vital que o *designer* tenha um conhecimento mais amplo das principais emoções, sensações e necessidades humanas – medo, ganância, vaidade, luxúria, amor, frio, fome etc. Em outras palavras, o profissional animador precisa ter uma noção mais aprofundada das mais diferentes reações humanas à realidade que nos cerca.

Portanto, o *designer* deve ampliar constantemente seu repertório gestual para acomodar mais papéis – o que pode fazer naturalmente por meio da observação e da experiência – e desenvolver a habilidade de projetar esse repertório sobre o personagem em que trabalha (Williams, 2017).

Importante

Os estudos sobre movimentação possibilitam que o animador atribua personalidade às suas personagens. Pense em como o andar de uma personagem "leve" se distingue do andar de uma personagem "pesada". Como se dá leveza ao movimento? Como se dá peso? Essas expressões já foram amplamente exploradas no trabalho dos animadores. Você já reparou isso? Uma passada de uma personagem pesada pode ascender com lentidão e ter uma aceleração brusca no contato com o chão, sugerindo que a perna do personagem é realmente pesada. De outra maneira, personagens com característica físicas consideradas "leves" devem aparentar naturalidade quando estão em movimento, demonstrar que não estão fazendo esforço algum, como se flutuassem enquanto suas pernas apenas dirigem o movimento. O ritmo do andar e as linhas de ação também informam muito sobre o personagem; esses elementos não informam apenas quem ele é, mas como ele está naquele momento – o estado de espírito transparece no andar (Càmara, 2005). Em suma, o subir e descer durante uma caminhada, a postura e o percurso em arcos que cada parte do corpo do personagem traça demarcam não só a tipologia, mas o estado emocional.

Nesse contexto, você consegue imaginar as diferenças entre um andar exausto e um andar vigoroso, de alguém que acordou disposto? E entre um andar pacato e um andar cheio de fúria? Animar requer esse conhecimento acerca da natureza humana, que é conquistado com observações sistematizadas daquilo que estamos acostumados a presenciar no cotidiano.

Em jogos digitais, há muito o que se animar. A animação de um personagem principal de um jogo é uma animação que será controlada pelo jogador – nesse caso, o animador anima possibilidades que são realizadas pelo jogador. Também há o caso das personagens não jogáveis ou NPC (*non-player characters*), contexto em que o animador produz as possibilidades que são colocadas em prática pelo algoritmo do jogo. Enfim, temos as sequências cinemáticas, que são pequenos filmes de animação dentro do jogo. Portanto, podemos considerar que a animação "para esses jogos é a arte de capturar uma série de movimentos individuais em formato digital e, em seguida, colocá-los de volta em tempo real", como nota Rabin (2013, p. 727).

E como ocorre a animação de personagens jogáveis e não jogáveis no contexto dos jogos de 2D e 3D? Nos primeiros, as animações de personagens jogáveis e não jogáveis costumam ser feitas por meio de *sprite sheets*. Já nos segundos, esse trabalho é realizado por meio de esqueletos que são ligados aos corpos das personagens em uma técnica chamada *rigging*.

O que é

As *sprite sheets* são folhas que contém as opções de animação de um personagem em jogos 2D, além de outros elementos do jogo, como objetos do cenário. Uma *sprite sheet* contém vários desenhos: podem ser várias poses de um mesmo personagem ou vários objetos que serão utilizados no jogo, tais como:

- plataformas;
- obstáculos;
- itens;
- baús;
- efeitos especiais.

Diferentemente da *model sheet*, a *sprite sheet* exibe os desenhos que serão vistos no jogo. Na programação, haverá a indicação de que, quando o jogador acionar o comando para a personagem se mover para a direita, o *loop* de andar para a direita será acionado. Todo comando que o jogador fizer corresponderá a uma sequência na *sprite sheet*. Na prática, é como se o jogador controlasse uma "janelinha" que se move pelo cenário onde é exibida a animação da personagem, comportando-se de acordo com o algoritmo.

Voltando ao quesito *movimento*, é importante elencarmos alguns daqueles que são fundamentais para os jogos com personagens humanos: **andar, correr, pular** e **golpear** (para jogos de combate). Além desses, há também o **ciclo ocioso**.

5.2.1 Movimentos dos personagens

O andar da personagem é determinado pelo ciclo de caminhada, isto é, a sequência de desenhos correspondente a duas passadas, uma de cada perna. Assim, o ciclo se fecha, o que torna possível derivar um *loop* a partir dele. Com a repetição dessa sequência, a personagem reproduz o movimento de caminhada. O movimento de correr parte do mesmo princípio, exceto que se caracteriza pela perda de contato dos pés com o chão em determinado momento do ciclo. Uma caminhada rápida não faz uma corrida – uma personagem que se mover dessa maneira aparentará estar participando de uma disputa de marcha atlética.

Quando for necessário planejar um ciclo de caminhada ou de corrida, lembre-se de observar os arcos formados pelos movimentos da personagem. Tanto na corrida quanto na caminhada, a cabeça da personagem tenderá a não se mover em linha reta – haverá uma pequena oscilação durante as passadas. Muitas vezes, isso é ignorado em *sprites* de jogos 2D, sobretudo naqueles jogos em baixa resolução, nos quais os personagens são compostos por poucas dezenas de *pixels*.

Os movimentos de pular e golpear costumam ser isolados, por isso não são colocados em *loop*. Quando o jogo permitir, uma opção para conferir mais realismo à cena consiste em trabalhar a antecipação desses movimentos.

O modo ocioso, ou *idle*, que se refere ao comportamento da personagem quando o jogador para de comandá-la. Em alguns casos, a personagem busca interagir com o jogador, cobrando seu retorno ao jogo.

Por fim, temos a sequência de morte de personagem, a qual nunca é utilizada em *loop*, uma vez que ela se encerra logo que o jogador é derrotado. Uma reação a um golpe também pode figurar entre as sequências da *sprite sheet*, bem como de efeitos visuais.

5.2.2 **Tipos de personagens**

A utilização do *software* Maya demanda um aprofundamento sobre os tipos de personagens que vamos destacar na sequência:

- personagem humana;
- personagem antropomórfica (ex.: animal, criatura, robô, objeto com forma humanizada);
- personagem animal;
- personagem fantástica.

Para um trabalho criterioso, o *designer* também deve analisar as características comportamentais desses personagens. Arquétipos como o do herói, do anti-herói e do mentor falam sobre a personalidade dessas figuras, ou seja, dão pistas sobre a maneira como elas agem na narrativa.

Outra maneira de classificar as personagens baseia-se em seu estilo de representação. Geralmente são dois os estilos básicos:

1. realístico;
2. estilizado.

Há, é claro, nuances entre esses gêneros e, bem como uma divisão entre realísticos, *cartoons* e *animes* – uma vez que este último não se encaixa adequadamente nas categorias anteriores. Nesta parte do texto, vamos nos concentrar no personagem realístico.

5.2.2.1 Personagem realístico

O **personagem realístico** é aquele que apresenta traços que procuram reproduzir os de um ser humano real. Contudo, o realismo não se resume a desenhos muito elaborados – ele também pode ser alcançado com economia de traços. Ele tende a respeitar mais o mundo observado em relação às proporções, à naturalidade dos movimentos e à perspectiva.

A representação realística é fundamental na história das animações. Foi o realismo que tirou a animação de um *status* de menor importância e a colocou em uma posição de destaque no cinema (Wells; Quinn; Mills, 2012, p. 8). No filme *Branca de Neve e os Sete Anões*, de 1937, havia personagens realísticas, como a protagonista e o príncipe, e outras caricatas, como os sete anões. Entretanto, o filme conciliou complexidade aos métodos de reprodução, resultando em cenários e movimentos extremamente expressivos.

Nesse sentido, os estudos de anatomia, de luz e sombra, de texturas e a observação do cotidiano são fundamentais para o desenvolvimento das habilidades necessárias para se alcançar execuções que possam ser consideradas realistas no *software* Maya. O desenho realista é, sobretudo, um desenho com qualidades técnicas de representação evidentes.

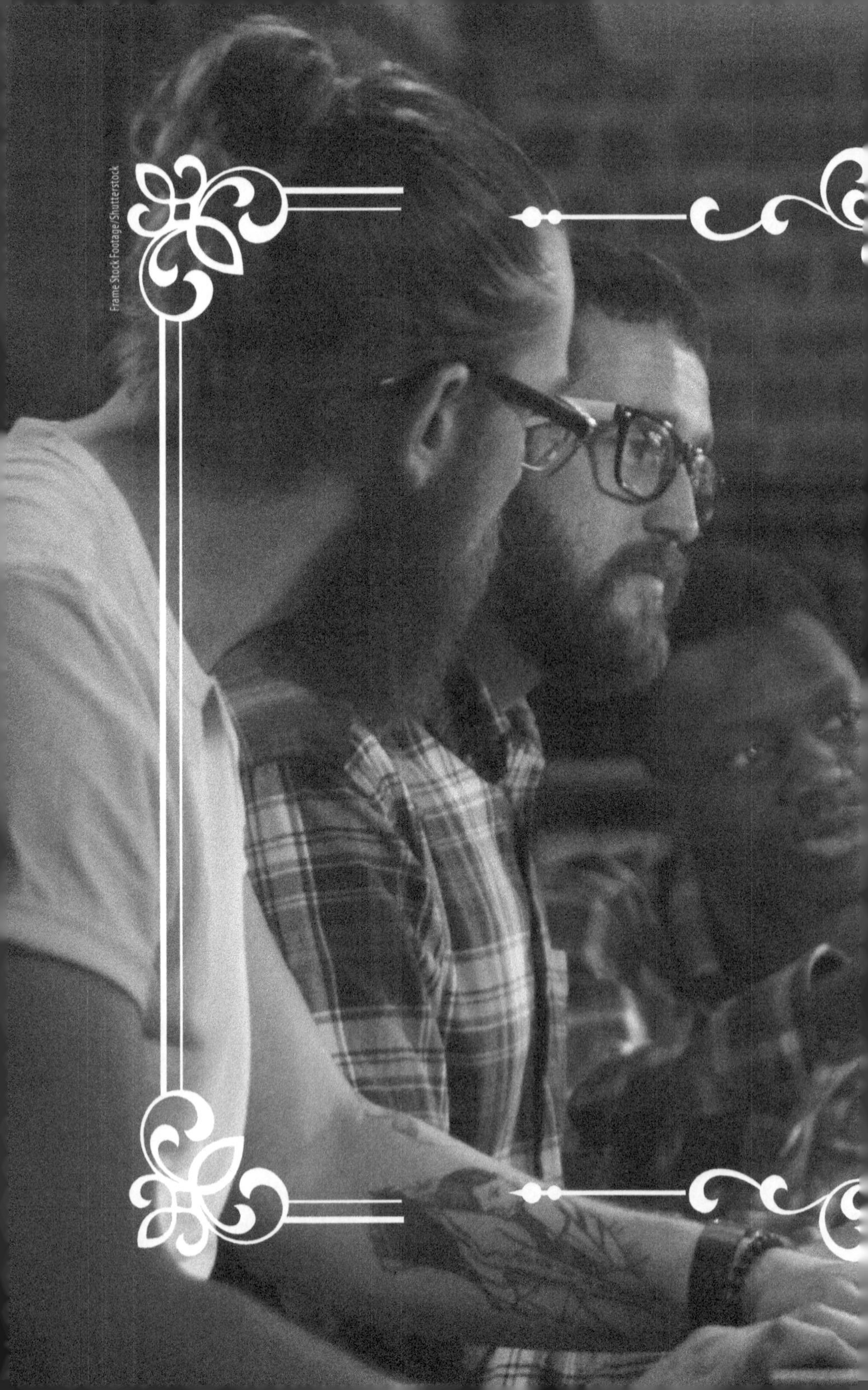

Frame Stock Footage/Shutterstock

CAPÍTULO 6

TÉCNICAS E PRINCIPAIS MÉTODOS DE ANIMAÇÃO

Neste capítulo, apresentaremos as técnicas e os principais métodos de animação de personagens, como a técnica de animação modular, *bone animation*, que consiste em dividir os personagens e animar por partes, através de rotacionamentos, transações e transformações dessas partes. As técnicas de animação 3D de personagens serão mais aprofundadas por meio dos estudos de tempo, que definem o tempo e a velocidade do movimento de cada ação, estabelecendo assim a dinâmica e o ritmo da animação. Também abordaremos os conceitos de quadro-chave, ou *keyframe*, em que o animador determina a ação inicial e a final de um movimento e o *software* cria os quadros intermediários, que são os intervalos da animação. Com base nesses princípios, analisaremos os processos de animação de movimentos gerais de um personagem, como andar, correr, pular, sendo a animação de recorte uma das técnicas mais utilizadas para efetuar esse movimento. Para uma animação ser mais natural, o personagem precisa apresentar flexibilidade, outro tema aqui tratado. Um dos princípios da animação mais utilizados para passar essa sensação é a técnica do esticar e achatar. No contexto geral, serão abordados os assuntos de animação e *acting* de expressões corporais e criação de controles de animação.

6.1 Animação e *acting* de expressões corporais[1]

A animação e *acting* de expressões corporais é uma área que está sempre em evolução e a passos acelerados. Essa área já percorreu inúmeras etapas de aprimoramento. Os princípios da animação estudados pela Disney em torno de 1940 são aplicados até os dias atuais. Uma das técnicas aplicadas seguindo esses princípios é a de animação modular, ou *bone Animation*. Ela abrange a animação de *sprites*, que são parecidos com marionetes ou fantoches. Os *sprites* são personagens divididos por várias partes. Seus movimentos dependem do rotacionamento, de transações e transformações dessas partes, que permitem diversas animações.

---

[1] Esta seção foi elaborada com base em Almeida; Leite Jr.; Murakami (2015).

O que é?

Para entender melhor, *sprite* é um objeto gráfico com duas ou três dimensões cuja característica principal é a de gerar movimentos ausentes de traço em tela. É utilizado em animações que exigem a presença de várias imagens agrupadas em uma mesma tela. Entre suas principais aplicações estão os jogos eletrônicos 2D (Carvalho, 2016).

A animação modular utiliza imagens em 2D, nas quais o personagem se restringe às limitações dessa tecnologia. É possível criar a ilusão de movimento em 3D trabalhando sombras, iluminação e degradês na animação tradicional de *sprites*. Uma das técnicas mais utilizadas para animar os movimentos principais de um personagem é por meio da animação de recorte, que existe desde o fim do século XX, quando as animações de recorte são realizadas digitalmente. A técnica ganhou destaque em séries de animação em duas dimensões, como a série animada *South Park*, de Matt Stone e Trey Parker, desenvolvida em 1997. O episódio piloto, com duração de 28 minutos, foi desenvolvido em sua totalidade em animação de recorte tradicional e levou cerca de três meses para ser finalizado. O recorte digital dinamizou o processo de desenvolvimento das animações (que passaram a ser realizadas em uma semana); além disso, o desenvolvimento digital possibilitou a exploração das animações em três dimensões, uma superação significativa em relação ao recorte tradicional.

O desenvolvimento tecnológico da animação digital só foi viabilizado porque a animação tradicional e analógica nos legou várias ferramentas e recursos, tais como as camadas de acetato para separar personagens e cenários. Na atualidade, programas permitem essa distinção por meio de recursos digitais, denominados *layers*, configuração presente em qualquer *software* de animação.

As articulações dos personagens também figura entre os recursos herdados da animação analógica; podendo ser soltas ou dispor de conexões ligadas por pinos de controle (ou *joint*), essas ferramentas, de acordo com Lucena Junior (2011), utilizam-se da ideia de esqueletos, concebida por Burtnyk e Wein, batizada com o nome de *bones* em *softwares* utilizados para animação.

Com as transformações das ferramentas destinadas à animação digital 2D e 3D, as animações passaram a ser amplamente realizadas em sistemas computacionais. Tal mudança se justifica pela dinamicidade da computação gráfica, que torna a animação digital consideravelmente mais rápida que a analógica. Graças aos *bones*, os animadores podem utilizar-se de duas técnicas muito importantes: a cinemática direta e a cinemática inversa. Por meio desse recurso, os *bones* podem ser utilizados (por meio de uma espécie de hierarquia de "pais" e filhos") para a animação do personagem.

Vejamos um exemplo, com base nas palavras de Lucena Junior (2011, p. 29): "na animação direta, temos de rotacionar o braço na articulação do ombro, depois fazer o mesmo com o antebraço na articulação do cotovelo, em seguida girar o pulso e, por fim, o dedo", como apresentado na Figura 6.1.

Figura 6.1 – **Exemplo de cinemática direta**

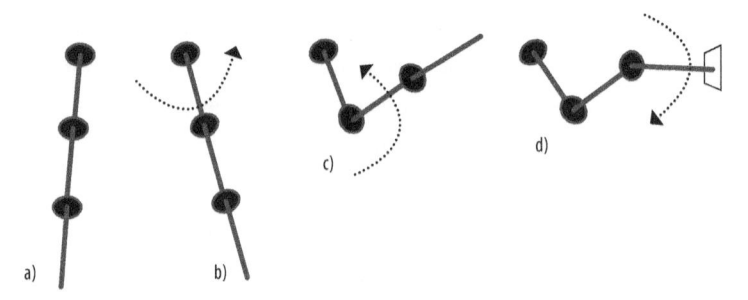

Fonte: Lucena Junior, 2011, p. 29.

Nesse contexto, o mero movimento do dedo até o objeto é suficiente para que o computador e o *software* estabeleçam o algoritmo responsável por ajustar as demais partes do membro, como demonstramos na Figura 6.2.

Figura 6.2 – **Exemplo de cinemática inversa**

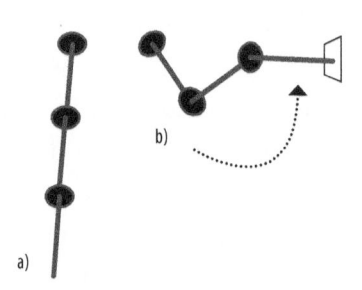

Fonte: Lucena Junior, 2011, p. 29.

Os ciclos também são recursos amplamente aplicados na animação 3D, pois eles facilitam o desenvolvimento de ações repetitivas que se estendem consideravelmente no tempo com o mínimo de ações possível (a animação de pulos e corridas normalmente são feitas com essa ferramenta). Uma animação de somente um segundo de ciclo é utilizada reiteradamente até que a animação do movimento desejado seja finalizada. Nessa dinâmica, é fundamental que o último quadro esteja perfeitamente alinhado com o primeiro, de modo a conferir fluidez à animação cíclica.

O primeiro passo antes de iniciar a criação das animações é garantir que na equipe de animação haja um desenhista e um ilustrador, caso o animador não tenha uma boa habilidade para o desenho. Desse modo, o encadeamento de todas as demandas da animação deve antecipar até mesmo a concepção dos personagens.

Somente com essa primeira etapa devidamente cumprida é que o animador pode preocupar-se com a concepção do personagem (características visuais e mecânicas). A *concept art*, outra denominação para esse estágio, caracteriza-se pelos apontamentos dos possíveis problemas estéticos do personagem e da posição principal que inspirará todas as outras posições da figura. É nessa etapa que, com base na contextualização da animação, o animador determina a abordagem do personagem – se será retratado como caricato ou apresentado como realista, em 3D.

Tal opção é muito importante para a concepção das articulações do personagem e o número necessário destas para a animação (convém destacar que uma animação que se utiliza de um número elevado de articulações possibilita um trabalho dotado de maior harmonia e fluidez). Evidentemente, todo esse planejamento e todas as respectivas demandas fazem com que o trabalho seja mais extenso, complexo e, consequentemente, caro. Com um resultado mais promissor, o tempo de animação e finalização também devem ser ampliados. Nesse contexto, é a ideia mais ampla do projeto que permitirá que o animador chegue a um mínimo se articulações necessárias – para chegar ao número mínimo de articulações, é preciso analisar o desenho e toda a história da animação, visando compreender o *storyboard* e as possibilidades que a animação pode ter.

Após a concepção dos personagens e a definição dos acabamentos, começa a etapa de estabelecer como serão os movimentos gerais, como o personagem irá andar, correr e pular, por exemplo.

O modelo do personagem deve ser exaustivamente estudado pelo animador, pois é a perspectiva que ele extrairá desse trabalho que lhe dará a visão das possíveis posições da figura e seus respectivos movimentos, o que permitirá que o profissional insira articulações nos pontos da figura que demandarão esse recurso. Diminuindo a complexidade, os custos e o tempo de produção, para evitar surpresas no desenvolvimento da animação, é importante, após de definir a complexidade das articulações, executar testes para refinamento. Tal procedimento é fundamental, pois é por meio dele que o animador promove testes – movimentos simples nas articulações de mudança de posição e de rotação que permitem ver se esses recursos estão devidamente posicionados e se o movimento será devidamente fluido.

Finalizados os testes de refinamentos das articulações, o próximo passo para animação de personagem, tendo em vista os movimentos gerais, é a fase conhecida como *rigging*. Nessa altura do processo, é realizada a preparação do personagem por meio de interpolações. Esse processo, caracterizado por uma hierarquia perfeitamente verificável, é muito semelhante ao das animações com esqueletos; nesse contexto, as articulações influenciam diretamente as cinemáticas diretas ou inversas. Para utilizar esse recurso, é preciso configurar adequadamente as opções nas propriedades dos *softwares*. No *rigging*, o torso do personagem é geralmente o ponto inicial da animação; portanto, hierarquicamente ele se torna o "pai", ou seja, o principal. As representações visuais são bem parecidas nos diferentes *softwares* de animação, conforme a Figura 6.3.

Figura 6.3 – **Representação de *rigging***

drumcheg/Shutterstock/

A animação digital pode ser feita de diversas maneiras – por exemplo, podemos citar o *rigging* realizado por meio de um arranjo simples com partes soltas ou hierárquicas. Esse recurso pode conduzir o trabalho do animador, que estará apto a se valer de *softwares* de edição gráfica e de animação bi ou tridimensional. Na maioria das animações, é importante que o personagem apresente flexibilidade, assim, seus movimentos ficam mais naturais. Nesse sentido, a técnica denominada s*quash and stretch* (também conhecida como "esticar e achatar") é amplamente utilizada para conferir fluidez aos aspectos do personagem; esse recurso destaca certas deformações no personagem no decorrer do processo de animar a figura, o que possibilidade conferir peso e flexibilidade ao movimento do personagem (Barroso, 2016). Para o animador que está começando, é interessante fazer exercícios de flexibilidade. Um deles é criar um personagem como um jogador de basquete e animar o movimento batendo a bola em uma quadra.

De acordo com Barroso (2017, p. 6), esse princípio "é considerado perfeito e simples para testar este princípio. Quando a bola cai no chão, por breves momentos fica espalmada no chão, ou seja *squashed*, assim que a bola está prestes a saltar, a sua forma começa a esticar, ou seja *stretch*". Essa técnica é destinada a vários tipos de animação, seja para os movimentos anteriormente citados, seja para a ação de andar, por exemplo.

Analisando com mais detalhes, esse princípio pode ser dividido em dois, o primeiro é o esticar, e o segundo é achatar, também conhecidos como deformadores na animação 3D. As deformações que esse princípio proporciona passam a sensação ótica de deformação, conforme o peso e a velocidade aplicados no objeto.

Quando visualizamos uma filmagem, ficam evidentes todas as deformações que acontecem em um objeto, ou corpo, no momento da movimentação ou quando se depara ou encosta-se a outro corpo. Por exemplo, se atirarmos uma bexiga cheia de água de um andar alto de um edifício, no momento que ela bater no chão fica perceptível que irá se deformar e esticar para os lados antes de estourar e derramar a água.

O animador precisa se atentar para o fato de que esse princípio aplicado nos personagens não somente irá alterar sua escala, mas no momento do impacto, achata ou estica, e a massa desse objeto ou corpo do personagem é redistribuído. Além disso, o volume precisa ser mantido e redistribuído para que a animação não passe a sensação de que é falsa, ou seja, cada movimento precisa ser estudado, planejando todas as possíveis animações que poderão acontecer e configurado corretamente nos *softwares* de animação 3D.

Outro exemplo de aplicação do *squash and strech* é o da animação de um jogo de tênis: ao acertar a bola com a raquete, o procedimento citado deve ser aplicado para que o achatamento da bola pareça real. Apesar de não percebermos esse efeito na realidade em razão das limitações da nossa retina, o efeito de achatamento existe e precisa ser impresso na animação do fenômeno (Mazza, 2009).

Observe a Figura 6.4: nesse contexto, o objeto "bola" tem toda a sua massa redistribuída: quando a escala é aplicada, podemos observar que temos um "novo desenho, um novo volume, maior ou menor que o anterior" (Mazza, 2009, p. 53). No entanto, a animação que utiliza esse princípio deve gerar um objeto que tenha semelhança ao objeto original deformado. Seguindo a dinâmica da animação, a diferença é evidente. "Nas deformações das palavras, é fácil de verificar a redistribuição do volume através da espessura dos caracteres. A palavra 'esticado' tem seus caracteres com menor espessura que a palavra 'normal', e a palavra "achatado" tem seus caracteres com maior espessura" (Mazza, 2009, p. 53).

Figura 6.4 – **Princípio de animação *stretch* and *squash***

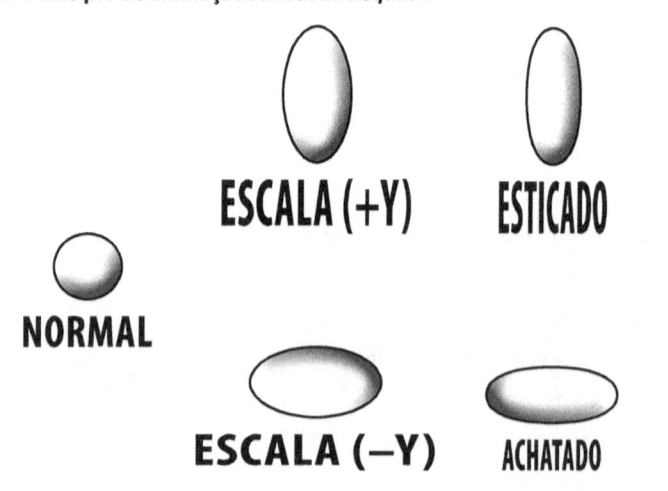

ESCALA (+Y)   ESTICADO

NORMAL

ESCALA (−Y)   ACHATADO

Fonte: Mazza, 2009, p. 53.

Quando esse princípio é aplicado aos personagens, as emoções são evidenciadas. Por isso, é preciso tomar cuidado e não fazer uso exagerado desse princípio, "para que o personagem não tenha uma aparência de borracha ou gelatina" (Mazza, 2009, p. 54).

6.2 Animação 3D de personagens

No momento da animação de um personagem, é importante a preocupação constante de manter os movimentos fluidos, principalmente se for necessária alguma atuação mais complexa, visto que ela precisa ser convincente. Para alcançar esse objetivo, o animador precisa focar no gestual, no comportamento, na pantomima, pois mostram muito a essência de um personagem, devendo ser representados em uma animação. Toda expressão corporal, uma vez que o corpo se comunica e se apresenta, mostra a riqueza de emoções, as quais devem ser exploradas pelo animador. Assim, conhecimentos de dramatização teatral e atuação são um grande diferencial para o profissional que irá trabalhar com animação de personagens.

De acordo com Fialho (2005, p. 99-100),

> Com o propósito de pesquisar maneirismos para estabelecer esta individualidade, os supervisores animam ciclos de caminhada na busca de sintetizar, pelo movimento, o caráter e temperamento de cada personagem. Gestos, por sua vez, traduzem poses visuais que buscam se ajustar à constituição física e delinear padrões de comportamento específicos para cada um dos personagens do projeto. Através desses exercícios de linguagem corporal é possível desenvolver o ínterim dos personagens, suas expressões faciais mais comuns, que também são desenhadas pelos supervisores e discutidas com os diretores do projeto.

Nesse contexto, para alcançar qualidade profissional e convincente, não basta o profissional conhecer os *softwares*, pois o propósito desse estudo inicial das individualidades de cada personagem é criar padrões de acordo com o movimento e as atitudes, o que irá refletir na personalidade do personagem, esta, por sua vez, já tem toda a sua descrição relatada no *animatic* do projeto, se compararmos com o mundo real, essa fase da animação do personagem seria o ensaio. Na animação, é conhecida por *experimental animation* ou, mais precisamente, animação experimental.

Um exemplo prático é a animação *Tarzan*, da Disney, lançada em 1999. A preocupação de passar autenticidade na semelhança com o movimento de macacos caracterizou a figura arrojada do personagem principal do filme. Com base em semelhanças da anatomia real e contrastando com as linhas angulares e expressões divertidas caricaturais do personagem. Além disso, temos os pés extremamente desproporcionais, assim como o queixo e o rosto compridos e exagerados. Esse resultado só foi possível com o estudo dos gestos dos gorilas. Daí tentou-se resumir e misturar as características de modo natural, a fim de definir o estilo do personagem.

No entanto, tais características não foram somente da anatomia, mas também da realidade do que estava ocorrendo no ano de 1999, os animadores e desenhistas tornaram um desenho atualizado para a época. Inserindo elementos da cultura conhecida como *alternativa* com o uso de *dread locks* no cabelo de Tarzan, que era característico de alguns grupos de jovens na época. Aliás, seria difícil imaginar essa expressiva caracterização se a mesma animação fosse realizada nos anos de 1980, não é mesmo?

Depois de todo o processo de concepção, no qual já foram definidos os aspectos físicos, e como o personagem lida com ele, por exemplo, um personagem pode ser musculoso e andar com uma postura sempre ereta, caminhando, levando alternado os braços, ou ser mais despojado como no caso do personagem Tarzan.

Terminando essa fase que determina como o personagem deverá ser animado, o desenho do personagem é modificado, se necessário. Considerando essas informações para poder facilitar e evidenciar os aspectos gestuais do personagem, o desenho agora deve ser estruturado de um modo que ele possa ser construído por formas básicas. De uma maneira que todos os animadores envolvidos possam seguir e manter o mesmo padrão.

As informações técnicas e das características gestuais, e tudo que for relevante são inclusas no pacote de folhas modelo da padronização do guia visual, da pré-produção, contendo também as folhas de construção do personagem, *model sheet*. O objetivo dessa documentação é não deixar nenhuma insegurança, ou sanar quaisquer dúvidas que possam aparecer, e com todas essas informações é possível gerar um desenho esquemático dos personagens, o qual servirá como base para o desenvolvimento do processo de animação da composição das esculturas tridimensionais, por um animador especializado em 3D, e com essa criação é possível visualizar o personagem em todas as vistas. Por exemplo, vista de cima, de baixo, de todos os lados, em 360 graus, sendo que nos *softwares* de computação gráfica 3D, conhecidos também de modelagem, no qual dispõe de recursos de câmeras que permitem visualizar diretamente na tela do computador.

Quando esse material está disponível para o animador, que inclui os *model sheets* (folhas de modelo), em alguns casos é solicitado para um artista desenvolver uma escultura física tridimensional, ou o esquema esquelético em 3D. Nesse material, é necessário conter a ficha de filmagem, *exposure or dope sheet*, na qual há a duração exata da cena (Fialho, 2005). Normalmente, são os diretores ou supervisores que indicam o tempo para cada *performance* do personagem. Levando em consideração todo o estudo do personagem e, finalmente, com todo esse material, o animador inicia o preparo e projeta seu trabalho.

A animação em três dimensões, além dos aspectos da volumetria, que passam maior sensação de realidade nos movimentos dos personagens, utilizam recursos de movimentos de câmera que são produzidos para animação. Para entender melhor, será apresentado como é o padrão de procedimento da maioria dos *softwares* de manipulação e animação 3D, para o desenvolvimento de movimentação de personagens. Dependendo do *software*, podem acontecer algumas variações de etapas, mas os conceitos são os mesmos; o primeiro exemplo é uma animação do braço de um personagem. A primeira ação é indicada colocar o personagem em uma posição que fique mais fácil de selecionar os ossos que serão movimentados, que é conhecida como "T". Nessa posição, o personagem está com as pernas juntas, as mãos esticadas e a coluna ereta.

Depois que o personagem está na posição ideal, basta acrescentar as chaves, que têm princípios semelhantes aos dos quadros-chave da animação 2D, que servem como referência para animação, ou seja, para direcionar um osso, como sua rotação, sua localização e seu tamanho. De maneira geral, só devem-se adicionar as chaves para os ossos que realmente irão executar algum movimento. Depois de adicionadas as chaves e selecionados todos os ossos que irão fazer parte do movimento, essas informações aparecem em uma linha de animação, conhecida como *canais*. Alguns *softwares* têm uma janela para esses recursos, na qual aparece o nome que corresponde a um osso do esqueleto selecionado.

Por isso, ressaltamos a importância de nomear os ossos quando se está inserindo o esqueleto do personagem. Cada linha ou canal está ligado a um osso e, no momento que se seleciona o osso, a linha ou canal correspondente fica selecionado.

Partindo desse princípio, para a movimentação de um personagem modelado em 3D, será necessário estruturá-lo com o esqueleto, para que haja os movimentos e esse personagem, ou objeto, execute os movimentos. Primeiro, é necessário criar uma nova ação. A vista ideal para desenvolver esse movimento é a lateral, depois, basta mover os ossos, que são movimentados de maneira a simular uma caminhada e, assim como nos movimentos humanos, geralmente os braços também são movimentados. Para passar mais naturalidade, em alguns casos, é necessário alterar a posição da câmera.

Para cada movimento desenvolvido, lembre-se de criar um ponto-chave e especificar a quantidade de quadros entre esses pontos, de modo definir a velocidade da caminhada e não passar a sensação de uma caminhada muito lenta ou que ele esteja correndo. Para a maioria dos movimentos, a quantidade de quadros interfere muito na qualidade final e na sensação de realismo, exigindo uma dedicação a mais de tempo para seu desenvolvimento. Existem inúmeros *softwares* nos quais podem ser desenvolvidos a animação 3D, um deles é o 3ds Max. De acordo com Oliveira (2008, p. 260), a animação no 3ds Max é um dos recursos mais amplos a serem estudados, pois apresenta inúmeros recursos e técnicas. O 3ds Max permite criar uma animação computadorizada em 3D para inúmeros aplicativos. "É possível animar objetos e personagens para jogos de computador, por exemplo, e também produzir efeitos especiais para cinema e televisão" (Conceitos..., 2018b).

É importante salientar que a animação 3D de personagens é concebida pelos mesmos artifícios de outros tipos de animações existentes:

1. O primeiro passo consiste na concepção de uma ideia, que, por meio do *briefing*, é detalhada em transformada em história. Nessa etapa, podem ainda ser desenvolvidos os esboços, os conceitos, as cores dos cenários, entre outros elementos.
2. O segundo passo é o roteiro, que conta a história, divide a cena e descreve os personagens, os diálogos, as ações e as transições.
3. O terceiro passo é a criação do *storyboard*.
4. O quarto passo é a animação do *storyboard,* etapa também chamada de *animatic*. Nesse momento, são ajustados o tempo e o ritmo da animação e pode surgir um *pencil test*, que mostra uma animação em rascunho. Até aqui, o processo de criação é bem semelhante ao de criação de animações 2D, se não o mesmo, mas a partir dessa etapa é que começa a divisão entre o 2D e o 3D.

A partir da quarta etapa, no 2D, o desenho segue para o traço final, que "limpa a sujeira", deixando a arte mais limpa (clara), já no 3D, a partir de formas como cubos, esferas, cilindros, cones, entre outros, é feita a modelagem que esculpe os personagens, objetos e cenários. A próxima etapa é adicionar os controles, que permitem os movimentos dos personagens e objetos, o que no 2D é chamado de *bones*, e no 3D é denominado *rigging*. Depois de desenhar as principais poses do movimento (*keyframes* no 2D e *blocking*) no 3D, é possível suavizar o movimento. Por fim, são inseridos desenhos entre as principais poses para não parecer um robô, processo denominado no 2D como *in-betweens*; no 3D, esse processo é o *polishing*. No 2D, o próximo passo seria colorir todos os desenhos, já no 3D é o momento de aplicar as texturas, como madeira, pedra, vidro, metal, entre outros. Na sequência, deve-se dar volume ao desenho, no 2D aplicando luz e a sombra, e no 3D adicionando as luzes para ter a iluminação. Depois disso, é hora de gerar o resultado de tudo que está na cena, momento chamado de *renderização* da animação. Após a renderização, é a hora da composição, etapa em que podem ser adicionados o áudio, os diálogos, as músicas, os efeitos sonoros, os efeitos de fumaça e de fogo, as cores, os filtros, as luzes especiais, os cenários, entre outras inúmeras possibilidades. Depois de adicionar tudo isso, é feita uma nova renderização, para que somente a partir daí a animação esteja pronta. Esse é basicamente todo o processo de trabalho por traz de uma animação 3D.

6.3 Criando os controles

Os controles de animação são similares em diversos *softwares* de animação 2D e 3D, bem como de plataformas de edição de vídeo como After Effects, Premiere, Vídeo Studio, Movie Maker e 3ds Max. Os controles nos *softwares* são executados por meio da linha do tempo, na qual o animador pode clicar e ir para o *frame* selecionado, e possuem diversas opções e configuração, sendo que uns dos principais controles é do tempo. Como aponta Oliveira (2008, p. 260), sempre que um projeto de animação é iniciado, o primeiro procedimento consiste em definir o número de *frames* (quadros) necessários para gerar a animação, que precisa ter em seu planejamento os controles de chaves e de tempo, pois sem eles não há movimento e, se não há movimento, ele é estático. Assim como outros *softwares* que geram produtos digitais com movimento, o 3ds Max também fornece vasto campo de controladores de animação.

> A caixa de diálogo Configuração de tempo fornece configurações para taxa de quadros, hora de exibição, reprodução e animação. Use essa caixa de diálogo para alterar o comprimento, esticar ou redimensionar a animação. Também é possível usá-la para definir os quadros inicial e final do segmento de tempo ativo e sua animação. (Configuração…, 2018)

É importante sempre revisar que, como explicamos no Capítulo 5, o 3ds Max dispõe de vários recursos, como o botão *Time Configuration*, que atua na linha do tempo e nos *frames* por segundo (FPS), no qual é importante compreender os tipos de sistemas de vídeos como NTSC (29,97 fps) e Pal (25) são operados na América Latina, nos Estados Unidos e na Europa, respectivamente.

Dessa forma, é necessária atenção no momento da configuração de modo que toda e qualquer dúvida seja dirimida. Nesse contexto, recomendamos a utilização do recurso *Custom* (customizado), pois assim o animador terá controle do objeto. A função do 3ds Max denominada *Animation* possibilita a configuração do tempo em que a animação começará (*Start Time*) e finalizará (*End Time*). Nesse caso, os valores alterados no *End Time* aparecem na barra de ferramentas em relação aos *frames* colocados em cena. O valor padrão é de 100, que pode ser aumentado ou diminuído, sem perda do resultado final.

Já no processo de criação de *rigging*, várias são as etapas a serem consideradas:

1. A primeira é do desenvolvimento de esqueleto, que viabiliza a animação do personagem.
2. A segunda diz respeito ao planejamento dos controladores de animação, para que todos os recursos permitidos pelo *rig* possam ser utilizados. De certa maneira, é possível considerar que os controladores são a interface do *rig*, no qual o animador desenvolve todo o processo de animação para os personagens. Em outras palavras, as informações da movimentação dos personagens ficam salvas ou armazenadas nos controladores: no esqueleto, por exemplo, os ossos têm o controle da modelagem, ou seja, da geometria; já os controladores têm o controle do movimento dos ossos do esqueleto, e os *rigs*, por meio dos *drives* e deformadores, têm a função de criar as ações que cada controlador terá.

Com o estabelecimento de sua função, o controlador poderá controlar vários ossos, por exemplo, não apenas um, mas é possível colocar na posição base de uma forma rápida e fácil. Para que seja possível, é importante revisar a posição base do personagem, os controladores precisam estar todos com valor 0 (zero), facilitando o trabalho da animação, por não haver a necessidade de posicionar o personagem em sua posição base. No Maya, para colocar todos os atributos no valor "0", utiliza-se a ferramenta *Freeze Transformations* (Allen; Murdock, 2008).

Conforme Pinheiro (2015, p. 36-37)

De extrema importância nos controladores é o centro de transformações (pivot) de cada controlador. Por exemplo, nos ossos de um braço, temos o ombro, cotovelo e o osso da mão. Se quisermos rodar o ombro do personagem, o centro de rotação do ombro é onde o osso do ombro está. Quando se cria um controlador, o pivot desse controlador tem que estar localizado o osso do ombro, pois se não estiver a rotação do braço fica deficiente.

Consideremos agora um exemplo com o *software* Maya: o recurso denominado *Add Atribute* pode melhorar a *performance* dos controladores, pois a ferramenta permite a adição de atributos nesse mesmo controlador (Pinheiro, 2015). Tendo em vista que o citado *software* não dispõe de ajuste perfeito de *Skin*, é recomendado executar o melhoramento da deformação da malha. A ferramenta chamada *Paint Skin Weights TooL* (pincel de correção de peso de pele) é a recomendada nesse caso. Esse procedimento deve ser levado em consideração diante de situações como a do deslocamento de um *joint* da perna esquerda de uma personagem – nessa hipótese, a perna direita pode ser movida sem a intenção. No momento da aplicação da função de ligação de pele suave, *Smooth Bind*, os *joint* deformam a malha mais próxima, um dos motivos que podem provocar o deslocamento indesejado de um *joint*.

Para evitar erros, é recomendado efetuar os ajustes, disponíveis na aba *Skin*, que recebe o nome de *Paint Skin Weights TooL*; essa ferramenta retira a influência do peso em relação às malhas indesejadas, o qual acontece no momento que é movimentado uma parte do personagem. É esperado que apenas a parte que se deseja alterar seja movimentando e nenhuma outra.

De acordo com Pinheiro (2004, p. 22, citado por Machado; Adorno, 2022), "geralmente criamos curvas (*Control Vertex*) como controles e modificamos as formas editando os vértices para tornar mais intuitiva para os animadores". Assim, os *Control Vertex*, ou controladores, são na prática círculos que têm como objetivo principal a manipulação dos *joints* com a manutenção de sua posição original. É importante lembrar que os *joints* no espaço 3D contam com uma posição fixa, com valores determinados nos eixos em X, Y e Z. No entanto, os controladores são desenvolvidos para permanecerem com os valores dos três eixos zerados, sendo importantes para que o animador possa colocar o personagem em seu posicionamento original sempre que for preciso.

A criação de uma mecânica, ou sistema de juntas (*joint*) de esqueleto, é a função prática do *rigging* no qual se liga a malha, também conhecida como *mesh* de um personagem em três dimensões, de modo a permitir que a animação movimente as partes, simulando os movimentos e gerando a animação de personagem. Os controles podem ser aplicados não apenas nos personagens que têm características similares às dos seres humanos – também existe o *rig* denominado *inorgânico*. A simulação de um carro em funcionamento com características reais é um exemplo desse processo, pelo fato de necessitar de vários controladores utilizados para executar a manipulação das rodas, dos eixos dianteiros e traseiros, da aberturas das portas, da movimentação do volante e do acelerador, entre outros; ou seja, para cada componente do carro que tem movimentos, existem vários controladores de animação. Apresentamos os mais comuns a seguir.

- para movimentação (mudança de posição);
- para executar giros (alterar ângulos);
- para o dimensionamento (alterar tamanho).

Os controladores relacionados ao dimensionamento também são conhecidos como *controladores de transformação*; cada parte ou trilha de animação pode contar com seu próprio controlador, e cada um deles pode ser diferente (um controlador para movimentação, outro para dimensionamento etc.), levando em consideração a hierarquia das trilhas do controlador, que são representadas por ícones de controlador.

Alguns controladores não utilizam chaves, no lugar mostram seus valores como uma barra de intervalo ou algum outro símbolo gráfico, a trilha de animação é a única do tipo de trilha que pode ser exibido como uma função de curva. Já as trilhas de intervalo têm a função de indicar o intervalo de tempo sobre o qual a animação acontece.

A barra de intervalo na trilha tem como função apresentar o quadro de intervalo de tempo da animação, o que viabiliza a edição do intervalo por meio da manipulação da trilha ou de suas extremidades finais (Trilha, 2022). "Conforme o controlador é atribuído, os ícones podem ser diferentes, por exemplo, o ícone flutuante de ruído é distinto de um ícone ponto flutuante de Bézier" (Controladores..., 2021). Nesse contexto, o 3D Max conta com um recurso fundamental para a utilização de trilhas: sua barra de ferramentas denominada *Vista de trilha* possibilita a visualização de características específicas atribuídas a cada trilha, bem como torna ativa a exibição de controladores correlatos à ferramenta.

A execução dessa atividade demanda apenas o clique no botão direito do *mouse*, a escolha das opções *Filtros* e *Tipos de controlador na lista*. Realizado esse procedimento, as designações dadas aos controladores ficarão localizadas proximamente às respectivas trilhas. É permitida a atribuição de distintos controladores às trilhas, o que irá afetar a maneira como esses controladores irão responder (Controladores..., 2021).

O controlador permite o deslocamento de objetos utilizando os recursos da ferramenta de transformação, sendo necessário selecionar e mover e converter esses movimentos utilizando o recurso denominado *splines Bézier*. Os ajustes das *splines* são possíveis no modo de edição chamado de *função de curva*, quando está utilizando o *software* 3ds Max, no qual tudo que é animado é controlado por meio de um controlador de animação. No 3ds Max, um controlador pode ser considerado como *plugin*, que controla o armazenamento e a interpolação de todos os dados dos valores animados. Os controladores específicos de transformação padrão são (Trabalhando..., 2021):

- Euler XYZ para rotação;
- Posição XYZ;
- Escala de Bézier.

Para ter acesso de maneira rápida aos parâmetros ou às informações do controlador, dê um clique duplo no nome de trilha de um controlador, especificamente na janela de hierarquia que recebe o nome de *Vista de trilha* ou no painel denominado *Movimento*. A realização desse procedimento simples otimiza o desenvolvimento do *rigging*, aumentando a produtividade, acelerando o trabalho no momento dos ajustes da animação, mesmo que o *software* 3ds Max disponha de vários tipos distintos de controladores (Trabalhando..., 2021).

A maioria das animações é controlada pelo Bézier, responsável pela interpolação entre quadros-chave em uma curva suave; o ajuste das interpolações, por sua vez, é feito por meio da opção *Vista de trilha* ou na *Barra de trilha*. A aceleração e outros tipos de movimento são mais facilmente administrados pelo Euler XYZ, o controlador padrão para a rotação, que realiza a divisão de rotação em três distintas trilhas de flutuação de Bézier individuais (Trabalhando..., 2021).

> O controlador padrão para rotação é Euler XYZ, que divide a rotação em três diferentes trilhas de flutuação de Bézier individuais. O controlador padrão para posição é Posição XYZ, que também é subdividido em três trilhas de flutuação de Bézier. O controlador de escala padrão é escala de Bézier (em comparação com flutuação de Bézier).
>
> [...]
>
> O 3ds Max tem um tipo especial de controlador, denominado restrição, que normalmente é utilizado para ajudar a automatizar o processo de animação. É possível utilizar uma restrição para controlar a posição de um objeto, rotação ou dimensionar através de um relacionamento de associação com outro objeto. (Trabalhando..., 2021)

A utilização da restrição de controladores pode ocorrer em inúmeras possibilidades, tais como nos comandos no menu *Animação*: a atribuição automática de um controlador nesse menu permite a visualização de controlador de lista em primeiro lugar na lista. No caso do controlador intitulado *Lista*, o animador pode realizar mesclagens de controladores tendo como critério a espessura, que funcionado de modo parecido ao de um sistema de animação não linear.

Aparece no painel Movimento, que fornece ferramentas especiais para gerenciamento da lista, mas não na Vista de trilha. Por outro lado, se você atribuir um controlador através do painel Movimento ou Vista de trilha, ele substituirá o controlador existente, em vez de criar um controlador de lista. Você pode fazer isso manualmente se estiver trabalhando no painel Movimento ou na Vista de trilha. (Trabalhando..., 2021)

Entre os vários controladores de procedimento, destacamos o de Ruido (*Noise*), que não utiliza quadros-chaves. Esse recurso permite ao animador realizar análise e alteração da animação por meio da edição dos parâmetros do controlador, procedimento possibilitado pela caixa de diálogo chamada *Propriedades (Properties)*. Nesse caso, a espécie de controle depende de o controlador exibir ou não uma caixa de diálogo de propriedades e o tipo de informação exibida. Os parâmetros são condicionados por seus respectivos controladores padrão – quando o parâmetro é animado, atribui-se a ele um controlador. Essa dinâmica possibilita a escolha de vários tipos de controladores, independentemente dos parâmetros e também da alteração dos controladores após o parâmetro ser animado (Trabalhando..., 2021).

Os controladores e suas respectivas configurações contam com padrões permanentes que podem se adequar aos diferentes tipos de trabalho de animação. "Os controladores XYZ atribuem uma trilha individual aos componentes X, Y e Z da posição, rotação ou escala de um objeto. No entanto, os controladores sempre atribuem três chaves (uma para cada eixo), por padrão" (Trabalhando..., 2021).

O Autodesk 3ds Max ainda elenca mais alguns controladores fundamentais para a animação 3D (Trabalhando..., 2021):

Controladores de flutuação

Os controladores descritos neste tópico somente estão disponíveis para os parâmetros que usam o tipo de dados flutuante.

Controlando transformações

Os Controladores de transformação são controladores compostos. Eles definem o tipo e o comportamento dos controladores usados para Posição/Rotação/Escala.

Controlar posição

O controlador de posição é um componente do controlador de transformação. A posição é um tipo de dado que pode usar a maioria dos controladores-padrão como Bezier TCB e de ruído.

Por fim, o controlador específico de rotação faz parte dos recursos do controlador *Transformação*. Pode ser utilizado na maioria dos controladores padrão, como de ruído e linear. Além disso, o 3ds Max conta com controladores de animação de cores que dispõe de várias configurações. Os controladores de transformação são dois (Trabalhando..., 2021):

1. Cúbico;
2. Baricêntrico.

Esses recursos gerenciam a maneira como os alvos de transformação interagem de um alvo para outro; nesse contexto, todos os controladores podem ser atribuídos e ajustados no painel *Movimento* (Trabalhando..., 2021). Depois que os controladores forem finalizados, é importante que os animadores, ou diretor de arte do projeto, verifiquem se cada deformação está de acordo com o esperado, e somente assim o *rig* pode ser considerado finalizado.

Os controladores de animação podem ser utilizados nos diversos programas que desenvolvem modelagem, animação e *rigging* em 3D, conforme o projeto está sendo desenvolvido, é recomendado utilizar o mais adequado.

6.4 Criação de ciclo de caminhada em *looping*

Ciclos de animação (ou animação cíclica) são conjuntos de movimentos que se repetem ao longo da ação, o bater de asas de uma ave e o caminhar humano são exemplos de animação cíclica. Com poucas poses, o animador cria um ciclo modular, podendo ser repetido indefinidamente, enquanto durar a ação, criar um ciclo de caminhada por meio da técnica de pose a pose nos permitirá testar o funcionamento do *rig*. Um ciclo de caminhada é composto por várias poses, conforme indicado a seguir:

- **Pose inicial:** o movimento começa com uma pose de contato, nessa posição, ambos os pés estão em contato com o chão, o pé esquerdo à frente, toca o chão, e o direito, mais atrás, prepara-se para o deslocamento. Os braços fazem o movimento cruzado, o direito fica projetado à frente e o esquerdo, para trás.
- **Pose de recuo:** ambas as pernas se flexionam, criando o impulso para o próximo passo, o tronco se contrai, acompanhando o fluxo do movimento.
- **Pose de passagem:** o pé esquerdo é fixado no chão, enquanto o corpo toma impulso para frente; a perna esquerda fica estendida, enquanto a direita é flexionada. Os braços realizam um movimento em de forma arco, ao longo do corpo.

- **Pose do ápice:** a perna esquerda fica estendida, com a ponta do pé em contato com o chão; o tronco fica totalmente esticado, com o joelho direito orientado para a frente. O braço direito, com uma pequena flexão, passa o tronco, desenvolvendo um arco para trás; o braço esquerdo efetua o movimento oposto.
- **Pose de contato:** volta à posição inicial, porém, dessa vez, com a posição dos membros espelhada, alguns *softwares* oferecem espelhamento por automação, poupando um bom tempo de trabalho. Se o recurso não estiver disponível, caberá ao animador desenvolver versões espelhadas para as poses de recuo, de passagem e de ápice.

Uma vez que o ciclo seja concluído, o animador pode salvá-lo, criando uma biblioteca de animação para aplicações posteriores. Alguns detalhes podem ser acrescidos, como um leve balançar dos ombros e da cabeça, enriquecendo o ritmo do movimento. Em alguns casos, o ciclo de caminhada pode ficar mecânico, pouco natural; assim, o animador, talvez, precise fazer ajustes pontuais. A solução mais simples envolve rever algumas poses, reposicionar um detalhe e registrar a pose novamente. Outra solução consiste seguir os passos apresentados na sequência:

1. Rever as posições do *keyframe* na linha do tempo.
2. Deslocar alguns quadros, aumentando ou diminuindo os intervalos de interpolação.
3. Intervir na curva de animação do editor gráfico, recurso que permite ajustes no comportamento da animação por meio de uma curva de função (*f-curve*). A interpolação dos *frames* é traduzida visualmente, descrevendo uma curva na linha do tempo

e permitindo uma abordagem mais intuitiva do ritmo criado. Cada uma das transformações, como deslocamento, rotação e escala realizados é traduzida por uma curva em particular, é possível, ainda, isolar cada curva em função da coordenada envolvida.

Segundo Jones e Oliff (2007, p. 138):

> O editor gráfico é a ferramenta para adicionar peso, textura e ritmo à sua animação. A solução de seus problemas acontece diretamente ao manipular as curvas. O editor gráfico ajuda nos ajustes de velocidade, *timing* e espaçamento.

Com o editor gráfico, é possível editar a curva, alterando o ritmo da animação gerada, três tipos básicos de curvas de função estão presentes no editor gráfico, descrevendo interpolações específicas:

- **Bézier:** descreve um movimento contínuo com passagens suaves; é o tipo mais comum de curva, disponibilizando pontos de controle em suas extremidades, o que facilita seu desenho e seus ajustes. Curvas bézier são muito comuns em programas vetoriais, tornando seu uso familiar para muitos animadores.
- **Constante:** descreve valores contínuos de transformações, ou seja, não há interpolação de fato, uma vez que cada valor se mantém constante ao longo do segmento, seu desenho é formado por segmentos retos e ortogonais.
- **Linear:** indica uma interpolação simples, criando um segmento de reta não contínuo.

A automação e a implementação de ciclos de animação facilitam na concepção de ações repetitivas de longa ou curta duração. Como exemplos da aplicação de ciclos, podemos citar corrida, caminhada, pulos etc. Com o conteúdo apresentado nesta obra sobre modelagem e animação 3D, você já é capaz de criar um projeto, tanto os mais simples quanto os mais complexos. É importante salientar que os *softwares* utilizados nos exemplos práticos sofrem atualizações e, portanto, alguns recursos podem sofrer modificações. No entanto, os conceitos e fundamentos continuam os mesmos. Agora é a hora de se aprofundar no conhecimento, procurando exemplos e *cases* e praticar sua modelagem e animação 3D.

CONSIDERAÇÕES FINAIS

Com a leitura dos capítulos desta obra, foi possível constatar a importância da modelagem em três dimensões por meio do estudo inicial sobre a modelagem e otimização de malhas 3D para animação. A abordagem foi conduzida por meio dos conceitos fundamentais, com os quais foi possível realizar a construção estática ou animada em três dimensões de personagens, objetos e cenários.

Dessa forma, fundamentando a importância dos conhecimentos prévios teóricos antes mesmo de dar início à operacionalização de um *software* de modelagem e animação em três dimensões.

A modelagem poligonal também foi abordada, apresentando alguns conceitos relacionados à anatomia dos objetos. Sendo assim, é um dos motivos pelos quais foi apontada a importância de conhecer e manter um fluxo de trabalho e produção de uma modelagem e animação em três dimensões.

Os conceitos de *rigging* também foram abordados, como a importância de se estabelecer uma metodologia de construção de personagens animados, além dos conceitos de modelagem em duas dimensões, modelagem em três dimensões e técnicas de modelagem, aplicação de técnicas de modelagem, animação tradicional, *motions graphics*, *stop motion*, aplicações da animação, animação no 3ds Max, controles de animação, controle de tempo, animação de objeto, renderização, animação utilizando o *software* Maya, animação e *acting* de expressões corporais, animação em três dimensões de personagens criando os controles e criação de ciclo de caminhada em *looping*.

Outros temas importantes também foram abordados, como a hierarquia e cinemática para modelagem e animação em três dimensões, os quais são importantes para os estudantes e profissionais da área, pois facilitam o processo da animação. Para a animação de personagens humanoides, a criação de um esqueleto é relevante para a representação de uma figura humana ou para criaturas, sejam bípedes ou não. Dessa forma, é importante conhecer e dominar as ferramentas dos *softwares* da área, como foi apresentado neste livro, a exemplo do desenvolvimento do esqueleto, também conhecido como *armação*, seja básica ou complexa.

Além disso, foram apresentadas algumas características do funcionamento das articulações, essencial para animação e modelagem em três dimensões, fundamentando a importância de desenvolver e editar uma cadeia em estruturas em três dimensões animáveis. Desde que esteja pronto, o esqueleto padrão pode ser facilmente adaptado para as proporções e para as características de cada personagem.

Um *rigging* reúne recursos que auxiliam os animadores e modeladores no desenvolvimento dos movimentos e das deformações previamente planejadas que compõem a animação. Um desses recursos é o conjunto de eixos e de junções que formam a armação ou o esqueleto do personagem, esse conteúdo, entre outros, foi aqui abordado. Foram estudados também assuntos sobre modelagem e animação em três dimensões, desmistificando a complexidade da elaboração de um personagem por etapas para produzir personagens de maneira mais realística e tridimensional.

O objetivo central, portanto, foi transcorrer brevemente por concepções da produção e do desenvolvimento para então estabelecer um fluxo de trabalho. Basta um aprofundamento nos estudos e também a prática para criar seu primeiro projeto de modelagem e animação em três dimensões que possa ser aplicado em diferentes projetos.

REFERÊNCIAS

3DS MAX Interface. **EDUCBA**, 2020. Disponível em: <https://www.educba.com/3ds-max-interface/>. Acesso em: 2 maio 2023.

3 TENDÊNCIAS de animação para 2020. **Studio Gepetta**, 2019. Disponível em: <http://www.gepetta.com/blog/3-tendencias-de-animacao-para-2020/>. Acesso em: 2 maio 2023.

ALLEN, E.; MURDOCK, K. L. **Body Language**: Advanced 3D Character Rigging. EUA: Sybex, 2008.

ALMEIDA, I. D. **Modelagem 3d de estruturas anatômicas**. Brasília, 2015. Disponível em: <https://www.academia.edu/30071248/MODELAGEM_3D_DE_ESTRUTURAS_ANAT%C3%94MICAS>. Acesso em: 18 mar. 2022.

ALMEIDA, D. M.; LEITE JR., J. M.; MURAKAMI, L. C. O emprego da técnica de animação por recorte digital para a criação de personagens de jogos digitais. In: SBGAMES, 15., 11-13 nov., Teresina. **Anais...**, 15., Teresina, 2015. Disponível em: <http://www.sbgames.org/sbgames2015/anaispdf/artesedesign-full/147538.pdf>. Acesso em: 2 maio 2023.

ALVES, W. P. **Modelagem e animação com Blender**. São Paulo: Érica, 2006.

ANIMAÇÃO. In: **Britannica Escola**. Disponível em: <https://escola.britannica.com.br/artigo/anima%C3%A7%C3%A3o/480613#:~:text=A%20computa%C3%A7%C3%A3o%20gr%C3%A1fica%20pode%20ser%20usada%20para%20mais%20do%20que,o%20interior%20do%20corpo%20humano.>. Acesso em: 7 mar. 2022.

ANIMAÇÃO. **Medium.com,** 27 maio 2019. Disponível em: <https://medium.com/@graphicomputing/anima%C3%A7%C3%A3o-e45a9b8286f8>. Acesso em: 2 maio 2023.

ANIMAÇÃO 3D Modelagem 3D. **Escola Pró-Arte,** 26 out. 2018. Disponível em: <https://escolaproarte.com.br/animacao-3d-modelagem-3d/>. Acesso em: 2 maio 2023.

ANIMATION now!: Pintura sobre vidro. **Animação em MG,** 31 out. 2011. Disponível em: <http://abcamg.blogspot.com/2011/10/animation-now-pintura-sobre-vidro.html>. Acesso em: 2 maio 2023.

BARROSO, G. C. de S. P. **Lil'Witcht:** a design case study of animation in games. 106 f. Dissertação (Mestrado em Design e Multimédia) – Faculdade de Ciências e Tecnologia, Universidade de Coimbra, 2017. Disponível em: <https://estudogeral.uc.pt/handle/10316/83158>. Acesso em: 2 maio 2023.

BLAIR, P. **Cartoon Animation.** New York: Walter Foster Pub., 1995.

BULE. **Autodesk – 3ds Max: suporte e aprendizado,** 14 abr. 2017. Disponível em: <https://knowledge.autodesk.com/pt-br/support/3ds-max/learn-explore/caas/CloudHelp/cloudhelp/2017/PTB/3DSMax/files/GUID-72B0B5B6-8D56-4DD9-BB3E-7DB87D430C4E-htm.html>. Acesso em: 2 maio 2023.

CAIXA. **Autodesk – 3ds Max: suporte e aprendizado**, 4 jan. 2022. Disponível em: <https://knowledge.autodesk.com/pt-br/support/3ds-max/troubleshooting/caas/CloudHelp/cloudhelp/2022/PTB/3DSMax-Modeling/files/GUID-95F876F8-462B-4A31-A320-D339B97B049E-htm.html>. Acesso em: 2 maio 2023.

CÀMARA, S. **O desenho animado**. Lisboa: Editorial Estampa, 2005.

CARVALHO, T. S. de. **Publicação digital:** a presença dos novos media na ilustração. 90 f. Dissertação (Mestrado em Desenho) – Faculdade de Belas-Artes, Universidade de Lisboa, 2016. Disponível em: <https://repositorio.ul.pt/handle/10451/30468>. Acesso em: 2 maio 2023.

CAVALCANTI, J. **Computação gráfica**. Univasf, 2018. Disponível em: <http://www.univasf.edu.br/~jorge.cavalcanti/comput_graf11_Represe_Model_Modific.pdf>. Acesso em: 2 maio 2023.

CHONG, A. **Animação digital**. Porto Alegre: Bookman, 2011.

CIRIACO, D. O que é Stop Motion? **Tecmundo**, 15 jun. 2009. Disponível em: <https://www.tecmundo.com.br/player-de-video/2247-o-que-e-stop-motion-.htm>. Acesso em: 2 maio 2023.

CONCEITOS de animação. **Autodesk – 3ds Max: suporte e aprendizado**, 14 abr. 2017. Disponível em: <https://knowledge.autodesk.com/pt-br/support/3ds-max/learn-explore/caas/CloudHelp/cloudhelp/2017/PTB/3DSMax/files/GUID-ADB8D6B2-392D-49BF-B941-1414FBD97202-htm.html>. Acesso em: 2 maio 2023.

CONCEITOS de Nurbs. **Autodesk – 3ds Max: suporte e aprendizado**, 18 set. 2018a. Disponível em: <https://knowledge.autodesk.com/pt-br/support/3ds-max/learn-explore/caas/CloudHelp/cloudhelp/2019/PTB/3DSMax-Modeling/files/GUID-C99618D4-8AB8-4476-A313-4D4519B0DDCF-htm.html>. Acesso em: 2 maio 2023.

CONCEITOS e métodos de animação. **Autodesk – 3ds Max: suporte e aprendizado**, 12 dez. 2018b. Disponível em: <https://knowledge.autodesk.com/pt-br/support/3ds-max/learn-explore/caas/CloudHelp/cloudhelp/2019/PTB/3DSMax-Animation/files/GUID-7F6CB5D0-A5DF-4FFC-857F-A2675C0489E7-htm.html>. Acesso em: 2 maio 2023.

CONCI, A. **Animação e C.G.** 2014. Capítulo 6 [do livro texto]. Disponível em: <http://www.ic.uff.br/~aconci/CapituloDeAnimacao.pdf>. Acesso em: 2 maio 2023.

CONE. **Autodesk – 3ds Max: suporte e aprendizado**, 4 jan. 2022. Disponível em: <https://knowledge.autodesk.com/pt-br/support/3ds-max/learn-explore/caas/CloudHelp/cloudhelp/2022/PTB/3DSMax-Modeling/files/GUID-B0D89605-9F07-4DAB-8FF8-1BCF89C19747-htm.html>. Acesso em: 2 maio 2023.

CONFIGURAÇÃO de tempo. **Autodesk – 3ds Max: suporte e aprendizado**, 12 dez. 2018. Disponível em: <https://knowledge.autodesk.com/pt-br/support/3ds-max/learn-explore/caas/CloudHelp/cloudhelp/2019/PTB/3DSMax-Animation/files/GUID-9473CAF3-AF73-4127-A98C-58ACEF01ACAC-htm.html>. Acesso em: 2 maio 2023.

CONTROLADOR da mola. **Autodesk – 3ds Max: suporte e aprendizado**, 8 dez. 2021a. Disponível em: <https://knowledge.autodesk.com/pt-br/support/3ds-max/learn-explore/caas/CloudHelp/cloudhelp/2022/PTB/3DSMax-Animation/files/GUID-32AE83DB-5E54-4A43-B336-975311FB3EDC-htm.html>. Acesso em: 2 maio 2023.

CONTROLADOR de lista. **Autodesk – 3ds Max: suporte e aprendizado**, 8 dez. 2021b. Disponível em: <https://knowledge.autodesk.com/pt-br/support/3ds-max/learn-explore/caas/CloudHelp/cloudhelp/2022/PTB/3DSMax-Animation/files/GUID-70D656D0-63E3-4A26-B31C-1915DE35BB28-htm.html>. Acesso em: 2 maio 2023.

CONTROLADOR de script. **Autodesk – 3ds Max: suporte e aprendizado**, 26 nov. 2019. Disponível em: <https://knowledge.autodesk.com/pt-br/support/3ds-max/learn-explore/caas/CloudHelp/cloudhelp/2020/PTB/3DSMax-Animation/files/GUID-C88512EB-BBAF-4116-94BA-B7514D174312-htm.html>. Acesso em: 2 maio 2023.

CONTROLADOR Examinar. **Autodesk – 3ds Max: suporte e aprendizado**, 8 dez. 2021c. Disponível em: <https://knowledge.autodesk.com/pt-br/support/3ds-max/learn-explore/caas/CloudHelp/cloudhelp/2022/PTB/3DSMax-Animation/files/GUID-B0B3683F-DFBB-41B5-9265-4444DA7067A6-htm.html>. Acesso em: 2 maio 2023.

CONTROLADOR de Escala XYZ. **Autodesk – 3ds Max: suporte e aprendizado**, 14 abr. 2017a. Disponível em: <https://knowledge.autodesk.com/pt-br/support/3ds-max/learn-explore/caas/CloudHelp/cloudhelp/2017/PTB/3DSMax/files/GUID-F452D328-84E8-4C70-963D-340D3D718461-htm.html>. Acesso em: 2 maio 2023.

CONTROLADOR de rotação XYZ de Euler local. **Autodesk – 3ds Max: suporte e aprendizado**, 14 abr. 2017b. Disponível em: <https://knowledge.autodesk.com/pt-br/support/3ds-max/learn-explore/caas/CloudHelp/cloudhelp/2017/PTB/3DSMax/files/GUID-F5DC8694-4530-4470-B8F9-B1A2F174146D-htm.html>. Acesso em: 2 maio 2023.

CONTROLADOR de transformação baricêntrica. **Autodesk – 3ds Max: suporte e aprendizado**. Disponível em: <https://help.autodesk.com/view/3DSMAX/2021/PTB/?guid=GUID-8F24A9FB-5551-4C27-9880-0649C02CEDAC>. Acesso em: 2 maio 2023.

CONTROLADOR em forma de onda. **Autodesk – 3ds Max: suporte e aprendizado**, 14 abr. 2017c. Disponível em: <https://knowledge.autodesk.com/pt-br/support/3ds-max/learn-explore/caas/CloudHelp/cloudhelp/2017/PTB/3DSMax/files/GUID-40BC5DCC-C32E-4753-8FB7-2BCC3312ACD3-htm.html>. Acesso em: 2 maio 2023.

CONTROLADORES de animação. **Autodesk – 3ds Max: suporte e aprendizado**, 26 nov. 2019a. Disponível em: <https://knowledge.autodesk.com/pt-br/support/3ds-max/learn-explore/caas/CloudHelp/cloudhelp/2020/PTB/3DSMax-Animation/files/GUID-E5ABD329-B857-4FC6-B9C4-C163DF985985-htm.html>. Acesso em: 2 maio 2023.

CONTROLADORES de animação/controladores de transformação. **Autodesk – 3ds Max: suporte e aprendizado,** 8 dez. 2021. Disponível em: <https://knowledge.autodesk.com/pt-br/support/3ds-max/learn-explore/caas/CloudHelp/cloudhelp/2022/PTB/3DSMax-Reference/files/GUID-294626D1-6FBD-4E08-89AF-014F14B66A54-htm.html>. Acesso em: 2 maio 2023.

CONTROLADORES de reação. **Autodesk – 3ds Max: suporte e aprendizado,** 26 nov. 2019b. Disponível em: <https://knowledge.autodesk.com/pt-br/support/3ds-max/learn-explore/caas/CloudHelp/cloudhelp/2020/PTB/3DSMax-Animation/files/GUID-A61C4C63-D535-4D1B-AAA6-B35FF8E00973-htm.html>. Acesso em: 2 maio 2023.

CONTROLADORES de TCB. **Autodesk – 3ds Max: suporte e aprendizado.** Disponível em: <https://help.autodesk.com/view/3DSMAX/2021/PTB/?guid=GUID-87EBDEA2-9F70-437D-8D42-948E18FC6582>. Acesso em: 2 maio 2023.

CONTROLE de tempo. **Autodesk – 3ds Max: suporte e aprendizado,** 8 dez. 2021. Disponível em: <https://knowledge.autodesk.com/pt-br/support/3ds-max/getting-started/caas/CloudHelp/cloudhelp/2022/PTB/3DSMax-Animation/files/GUID-ACF9E31C-2D8C-44B2-BCEB-893FA80CC57A-htm.html>. Acesso em: 2 maio 2023.

CONTROLES de animação e tempo. **Autodesk – 3ds Max: suporte e aprendizado,** 12 dez. 2018. Disponível em: <https://knowledge.autodesk.com/pt-br/support/3ds-max/learn-explore/caas/CloudHelp/cloudhelp/2019/PTB/3DSMax-Animation/files/GUID-818205DD-D58A-495E-BD0C-DC69BDE8DAC2-htm.html>. Acesso em: 2 maio 2023.

COSTA, T. C. **Imagem em movimento:** caminhos possíveis para produção de animação. 43f. 2019. Trabalho de Conclusão de Curso (Graduação em Artes Visuais) – Universidade Federal do Recôncavo da Bahia: Cachoeira, 2019. Disponível em: <https://www2.ufrb.edu.br/artesvisuais/images/TCCs_-_Trabalhos_de_Conclus%C3%A3o_de_Curso/TCC_2019/TCC_THAIS_CHAGAS_DA_COSTA_IMAGEM_EM_MOVIMENTO_CAMINHOS_POSSI%CC%81VEIS_PARA_PRODUC%CC%A7A%CC%83O_DE_ANIMAC%CC%A7A%CC%83O_2019.pdf>. Acesso em: 2 maio 2023.

CRISTIAN, L. Iniciando o 3ds Max 2016 pela primeira vez. **Clube do Design,** 2016. Disponível em: <https://clubedodesign.com/2016/iniciando-o-3ds-max-2016/>. Acesso em: 18 mar. 2022.

DIONÍSIO, S. **Pixilação.** 14 jan. 2014. Disponível em: <https://www.youtube.com/watch?v=ccqC3UhI8yw>. Acesso em: 2 maio 2023.

DOODOLÂNDIA. **Essas comidas engraçadas falam!** 15 set. 2019. Disponível em: <https://www.youtube.com/watch?v=R1wgtoNoKc0>. Acesso em: 2 maio 2023.

EUSÉBIO, M. **Flipbook**. 2012a. Disponível em: <https://mariaeusebio12av1.wordpress.com/historia/brinquedos-opticos/flipbook/>. Acesso em: 2 maio 2023.

EUSÉBIO, M. **Praxinoscópio**. 2012b. Disponível em: <https://mariaeusebio12av1.wordpress.com/historia/brinquedos-opticos/praxinoscopio/>. Acesso em: 2 maio 2023.

EUSÉBIO, M. **Pixilação**. 2012c. Disponível em: <https://mariaeusebio12av1.wordpress.com/tecnicas/stop-motion/pixilacao/>. Acesso em: 2 maio 2023.

EXIBIÇÃO e cópia das teclas de transformação. **Autodesk 3DS MAX 2021**. 2022. Disponível em: <https://help.autodesk.com/view/3DSMAX/2021/PTB/?guid=GUID-C968E66D-3D21-43ED-9CDB-9A27A98A80DD>. Acesso em: 2 maio 2023.

FERREIRA, M. **Você sabe o que é rotoscopia?** Disponível em: <http://www.tutoriais3dmax.com.br/2013/03/voce-sabe-o-que-e-rotoscopia.html>. Acesso em: 8 mar. 2022.

FIALHO, A. **Desvendando a metodologia da animação clássica:** a arte do desenho animado como empreendimento industrial. 205 f. Dissertação (Mestrado em Artes Visuais) – Escola de Belas artes, UFMG, Belo Horizonte, 2005. Disponível em: <https://repositorio.ufmg.br/bitstream/1843/VPQZ-6ZKRUN/1/antonio_fialho_diserta_ao_2005.pdf>. Acesso em: 2 maio 2023.

GAMA, M. M da. **Animação**: técnicas e processo. 2016. Disponível em: <https://www.bndes.gov.br/wps/portal/site/home/conhecimento/noticias/noticia/processo-animacao>. Acesso em: 2 maio 2023.

GEORGENES, C. **How to cheat in Adobe Flash CS5**. UK: Oxford, 2010.

GEOSPHERE. **Autodesk – 3ds Max: suporte e aprendizado**, 14 abr. 2017. Disponível em: <https://knowledge.autodesk.com/pt-br/support/3ds-max/learn-explore/caas/CloudHelp/cloudhelp/2017/PTB/3DSMax/files/GUID-ADCB4D06-BD52-4D0A-A367-63FCBC37A848-htm.html>. Acesso em: 2 maio 2023.

GONÇALO, G. Motion Graphics: o que é, os principais estilos e como fazer em seus vídeos. **Netshow.me**, 7 mar. 2022. Disponível em: <https://netshow.me/blog/motion-graphics>. Acesso em: 2 maio 2023.

GUIA, A. H.; ANTUNES, R. J. da C. **Animação 3D**. Disponível em: <https://student.dei.uc.pt/~aguia/pagina/artigo/Animacao3D.pdf>. Acesso em: 2 maio 2023.

INTRODUÇÃO à animação em 2D. **Nafergo**. Disponível em: <http://nafergo.github.io/manual-livre-animacao2d/intro_animacao2d.html>. Acesso em: 2 maio 2023.

JACINTO, M. S. M. D. **Objetos animados**. 2017. Disponível em: <https://iconline.ipleiria.pt/handle/10400.8/2935>. Acesso em: 2 maio 2023.

JONES, A.; OLIFF, J. **Thinking animation**: bridging the gap between 2D and CG. Stamford: Thomson Course Technology, 2007.

LEITÃO, D. K. Entre primitivos e malhas poligonais: modos de fazer, saber e aprender no mundo virtual Second Life. **Horizonte Antropológico**, v. 18, n. 38, dez. 2012. Disponível em: <https://www.scielo.br/j/ha/a/q3Xh5BVqsKXnKcvNHg6WPkL/?lang=pt>. Acesso em: 2 maio 2023.

LIMA, F. S. G. O. **Os cativantes personagens da Pixar:** um estudo sobre as técnicas de desenvolvimento de personagens dentro da Pixar Animation Studios. 81 f. Monografia (Bacharelado em Cinema e Audiovisual) – Departamento de Cinema e Vídeo, Universidade Federal Fluminense, Niterói, 2017. Disponível em: <https://app.uff.br/riuff/bitstream/handle/1/5149/Cinema%20 e%20Audiovisual%20UFF_Felipe%20Souza%20Gomes%20 Lima_2016.2.pdf?sequence=1&isAllowed=y>. Acesso em: 2 maio 2023.

LOR, E. A. J. **Modelagem 3D e animação.** 2017. Disponível em: <http://www.exatas.ufpr.br/portal/degraf_elen/wp-content/uploads/sites/18/2017/02/Apostila-CEG225-2017.pdf>. Acesso em: 2 maio 2023.

LUCENA JUNIOR, A. **Arte da animação:** técnica e estética através da história. São Paulo: Senac-SP, 2011.

LUCIANO, P. T. **Um estudo de técnicas de animação na aprendizagem do projeto arquitetônico.** 141 f. Dissertação (Mestrado em Arquitetura e Urbanismo) – Programa de Pós-Graduação em Arquitetura e Urbanismo, Universidade Federal de Santa Catarina, Florianópolis, 2019. Disponível em: <https://repositorio.ufsc.br/bitstream/handle/123456789/206381/PARQ0359-D.pdf?sequence=1>. Acesso em: 2 maio 2023.

MACHADO, H.; ADORNO, L. **Processo de *rig* aplicado a personagem em 3D.** Disponível em: <https://pt.scribd.com/document/483793586/Artigo-Processo-de-Rig>. Acesso em: 2 maio 2023.

MAZZA, M. D. **O acting no design de animação**. 197 f. Dissertação (Mestrado em Design) – Programa de Pós-Graduação Stricto Sensu, Universidade Anhembi Morumbi, 2009. Disponível em: <https://docplayer.com.br/38444068-O-acting-no-design-de-animacao.html>. Acesso em: 2 maio 2023.

MENDES, B. Animação com areia: Kseniya Simonova. **Obvious**, 2003. Disponível em: <http://obviousmag.org/archives/2009/10/animacao_com_areia.html>. Acesso em: 2 maio 2023.

MENU giratório de clique com o botão direito. **Autodesk – 3ds Max: suporte e aprendizado**, 8 set. 2020. Disponível em: <https://knowledge.autodesk.com/pt-br/support/3ds-max/learn-explore/caas/CloudHelp/cloudhelp/2021/PTB/3DSMax-Animation/files/GUID-151FF46F-D86B-44DC-8F60-68F99899CE74-htm.html>. Acesso em: 2 maio 2023.

MEROZ, M. **Animation for Beginners**: a step by step guide to becoming an animator. 2021. Disponível em: <https://www.bloopanimation.com/pt/animation-for-beginners-book/#get-started>. Acesso em: 2 maio 2023.

MODELAGEM 3D: veja o que é e os 12 melhores programas. **Wishbox**, 22 jan. 2020. Disponível em: <https://www.wishbox.net.br/blog/modelagem-3d/#btn-continuar-lendo>. Acesso em: 2 maio 2023.

MODELAGEM e animação de personagem em 3D básica. Disponível em: <https://unisalesianogames.files.wordpress.com/2011/08/apostila-modelagem-de-3ds-max.pdf>. Acesso em: 2 maio 2023.

MONTEIRO, T. SESC oferece oficinas de criação de bonecos para **Stop Motion**. 2018. Disponível em: <http://radio.unama.br/noticias/sesc-oferece-oficinas-de-cria%C3%A7%C3%A3o-de-bonecos-para-stop-motion>. Acesso em: 2 maio 2023.

OLIVEIRA, A. de. **Estudo dirigido de 3ds Max 2009**. São Paulo: Érica, 2008.

OLIVEIRA, A. de. **Estudo dirigido de 3ds Max 2017**. São Paulo: Érica, 2017.

O QUE É modelagem 3D? **SAGA**, 2 dez. 2020. Disponível em: <https://blog.saga.art.br/o-que-e-modelagem-3d/#:~:text=hard%20surface%20(superf%C3%ADcies%20duras)%20%E2%80%94,que%20esteja%20ligado%20%C3%A0%20natureza>. Acesso em: 2 maio 2023.

O USO de animações para vídeos do seu negócio. **No Ar Filmes**, 2017. Disponível em: <https://noarfilmes.com.br/lancamentos/o-uso-de-animacoes-para-videos-do-seu-negocio/>. Acesso em: 2 maio 2023.

PEREIRA, F. **Animação 2D. Knoow Net**: enciclopédia temática. 2019. Disponível em: <https://knoow.net/arteseletras/cinemateatro/animacao-2d/>. Acesso em: 2 maio 2023.

PIMENTA, G. Entenda a diferença entre motion graphics, animação e vídeos: como usar, qual o perfil profissional e suas vantagens na produção de conteúdo. **Talentnetwork**, 10 nov. 2020. Disponível em: <https://rockcontent.com/br/talent-blog/motion-graphics-animacao-video/>. Acesso em: 2 maio 2023.

PINHEIRO, R. M. **Desenvolvimento de rigging e movimento para cães em animação 3D:** animação por computador 2014/2015. 92 f. Dissertação (Mestrado em Som e Imagem) – Escola das Artes, Universidade Católica Portuguesa, Porto, 2015. Disponível em: <https://repositorio.ucp.pt/bitstream/10400.14/19500/1/Dissertacao%20-%20Ricardo%20Pinheiro.pdf>. Acesso em: 2 maio 2023.

PINHO, M. S. **Computação gráfica:** modelagem de sólidos. Disponível em: <https://www.inf.pucrs.br/~pinho/CG/Aulas/Modelagem/Modelagem3D.htm>. Acesso em: 2 maio 2023.

PIRÂMIDE. **Autodesk – 3ds Max: suporte e aprendizado**, 18 set. 2018. Disponível em: <https://knowledge.autodesk.com/pt-br/support/3ds-max/learn-explore/caas/CloudHelp/cloudhelp/2019/PTB/3DSMax-Modeling/files/GUID-27212252-82E1-466F-B03D-6E8E7AFD12F2-htm.html>. Acesso em: 2 maio 2023.

PLANO. **Autodesk – 3ds Max: suporte e aprendizado**, 26 nov. 2019. Disponível em: <https://knowledge.autodesk.com/pt-br/support/3ds-max/learn/caas/CloudHelp/cloudhelp/2020/PTB/3DSMax-Modeling/files/GUID-60C4C0CD-F2C9-41C6-B2FD-99E91BD171EF-htm.html>. Acesso em: 2 maio 2023.

RABIN, S. **Introdução ao desenvolvimento de games.** São Paulo: Cengage Learning, 2013. v. 3: Criação e produção audiovisual.

SAND ARTIST KSENIYA SIMONOVA. **Must see!** Golden Buzzer Sand Art on America's Got Talent: Champions – Kseniya Simonova | Full Version. 4 jul. 2020. Disponível em: <https://www.youtube.com/watch?v=P__gilcQEDA>. Acesso em: 2 maio 2023.

SELECIONAR uma taxa de quadro e velocidade de reprodução. **Autodesk – 3ds Max: suporte e aprendizado**, 8 set. 2020. Disponível em: <https://knowledge.autodesk.com/pt-br/support/3ds-max/learn-explore/caas/CloudHelp/cloudhelp/2021/PTB/3DSMax-Animation/files/GUID-2F41BBF4-D9E7-4171-A369-EA45CAFAD147-htm.html>. Acesso em: 2 maio 2023.

SILVA, R. 6 dicas para criar um personagem 3D. **Prod**, 29 jun. 2018. Disponível em: https://www.prod.ag/blog/criar-personagem-3d/. Acesso em: 2 maio 2023.

SINAL de vídeo: informações técnicas. **Fazendo Vídeo**, 2018. Disponível em: <http://www.fazendovideo.com.br/infotec/vtsin.html>. Acesso em: 2 maio 2023.

TÉCNICA cut-out. **Nafergo**. Disponível em: <https://nafergo.github.io/manual-livre-blender/cutout.html>. Acesso em: 2 maio 2023.

TEXTPLUS. **Autodesk – 3ds Max: suporte e aprendizado**, 14 abr. 2017. Disponível em: <https://knowledge.autodesk.com/pt-br/support/3ds-max/learn-explore/caas/CloudHelp/cloudhelp/2017/PTB/3DSMax/files/GUID-98DE9F44-B5C0-4AAC-A7CD-2F9E2B924ECD-htm.html>. Acesso em: 2 maio 2023.

TOROIDE. **Autodesk – 3ds Max: suporte e aprendizado,** 26 nov. 2019. Disponível em: <https://knowledge.autodesk.com/pt-br/support/3ds-max/learn/caas/CloudHelp/cloudhelp/2020/PTB/3DSMax-Modeling/files/GUID-B3F2C473-CE65-48CB-91B4-BBE90CC5D2C8-htm.html>. Acesso em: 2 maio 2023.

TRABALHANDO com controladores. **Autodesk – 3ds Max: suporte e aprendizado,** 8 dez. 2021. Disponível em: <https://knowledge.autodesk.com/pt-br/support/3ds-max/downloads/caas/CloudHelp/cloudhelp/2022/PTB/3DSMax-Animation/files/GUID-3F72F38A-5DE2-4C48-996E-CB0E89CFDAA1-htm.html>. Acesso em: 2 maio 2023.

TRILHA. **Autodesk 3DS MAX 2016.** Disponível em: <https://help.autodesk.com/view/3DSMAX/2016/PTB/?guid=GUID-4A11ED1B-4CCA-4AD8-BD56-FA199B33152C>. Acesso em: 2 maio 2023.

TUBO. **Autodesk – 3ds Max: suporte e aprendizado,** 18 set. 2018. Disponível em: <https://knowledge.autodesk.com/pt-br/support/3ds-max/learn-explore/caas/CloudHelp/cloudhelp/2019/PTB/3DSMax-Modeling/files/GUID-AE358437-2C1F-459C-82D5-526DA7B20B6E-htm.html>. Acesso em: 2 maio 2023.

USANDO o modo de tecla automática. **Autodesk – 3ds Max: suporte e aprendizado,** 14 abr. 2017. Disponível em: <https://knowledge.autodesk.com/pt-br/support/3ds-max/learn-explore/caas/CloudHelp/cloudhelp/2017/PTB/3DSMax/files/GUID-AAAA5C89-3711-4EDD-99FB-52B9AFD1EBC2-htm.html>. Acesso em: 2 maio 2023.

USAR Definir modo de chave. **Autodesk – 3ds Max: suporte e aprendizado**, 12 dez. 2018. Disponível em: <https://knowledge.autodesk.com/pt-br/support/3ds-max/learn-explore/caas/CloudHelp/cloudhelp/2019/PTB/3DSMax-Animation/files/GUID-98467413-F295-4862-971A-FB179A7D2E3C-htm.html>. Acesso em: 2 maio 2023.

VILELA, I. M. O. Modelos e aplicações de humanos virtuais. In: WORKSHOP DE REALIDADE VIRTUAL E VISUALIZAÇÃO CIENTÍFICA, 1., 2002, Rio de Janeiro. **Anais...** Rio de Janeiro: Laboratório de Métodos Computacionais em Engenharia LAMCE/PEC/COPPE/UFRJ, 2002.

VOCÊ sabe o que é flip book? Saiba para que serve! **Scrap Store**, 14 fev. 2019. Disponível em: <https://blog.scrapstore.com.br/o-que-e-flip-book/>. Acesso em: 18 mar. 2022.

WELLS, P.; QUINN, J.; MILLS, L. **Desenho para Animação**. Porto Alegre: Bookman, 2012.

WILLIAMS, R. **Manual de animação**: manual de métodos, princípios e fórmulas para animadores clássicos, de computador, de jogos, de *stop motion* e de internet. São Paulo: Senac, 2017.

XREF:CONTROLADOR. **Autodesk – 3ds Max: suporte e aprendizado**, 8 dez. 2021. Disponível em: <https://knowledge.autodesk.com/pt-br/support/3ds-max/learn-explore/caas/CloudHelp/cloudhelp/2020/PTB/3DSMax-Animation/files/GUID-D34EF40C-A420-4FE4-A372-CB6BFB46A8B0-htm.html>. Acesso em: 2 maio 2023.

ZOOTRÓPIO. **CGA**, 2011. Disponível em: <http://nayarasilva-cga.blogspot.com/2011/10/zootropio.html>. Acesso em: 2 maio 2023.

SOBRE O AUTOR

Leandro da Conceição Cardoso é Doutorando em Design e mestre em Tecnologias da Inteligência e Design Digital pela Pontifícia Universidade Católica de São Paulo (PUC-SP) e graduado em Comunicação Social com Habilitação em Design Digital pelo Centro Universitário Ibero-Americano. Foi docente na Faculdades Metropolitanas Unidas (FMU) nos cursos de Design de Interiores, Artes Visuais e Fotografia, bem como analista de desenvolvimento pedagógico sênior na Laureate EAD. É professor do Centro Paula Sousa – Fatec e Etec nos cursos de Comunicação Visual, Marketing, Eventos, Desenvolvimento de Sistemas, Multimídia, Audiovisual, entre outros. É um dos idealizadores da Maratona de Criação na Etec Albert Einstein. É conteudista, validador, revisor técnico e desenvolvedor de planos de ensino para graduação e pós--graduação para empresas que prestam serviços a diversos clientes, como Centro Universitário Internacional Uninter, Universidade Positivo, Laureate EAD (FMU, Ahembi Morumbi etc.), entre outras faculdades e universidades. Foi diretor de arte e criação e, atualmente, é consultor e prestador de serviços nas áreas de *design* gráfico, digital e *marketing* digital e professor na Universidade Anhembi Morumbi, em São Paulo.

Os papéis utilizados neste livro, certificados por instituições ambientais competentes, são recicláveis, provenientes de fontes renováveis e, portanto, um meio responsável e natural de informação e conhecimento.

Os livros direcionados ao campo do Design são diagramados com famílias tipográficas históricas. Neste volume foram utilizadas a **Sabon** – criada em 1967 pelo alemão Jan Tschichold sob encomenda de um grupo de impressores que queriam uma fonte padronizada para composição manual, linotipia e fotocomposição – e a **Myriad** – desenhada pelos americanos Robert Slimbach e Carol Twombly como uma fonte neutra e de uso geral para a Adobe.

Impressão: Reproset
Junho/2023